CENTRE BIBLIO-CULTUREL CHARLEROI
4740 RUE DE CHARLEROI
MONTRÉAL-NORD H1H 1V2
(514) 328-4135

LA ROUTE DE LA DIGNITÉ
est le trois cent vingt-sixième livre
publié par Les éditions JCL inc.

D1502866

Ne jamais écrire
dans les documents
Ni les découper

Catalogage avant publication de Bibliothèque et Archives Canada

Messaili, Sadia, 1954-

La route de la dignité

(Témoignage)

ISBN 2-89431-326-8

1. Réfugiés - Europe. 2. Canadiens d'origine algérienne. 3. Immigrants -
Canada. 4. Messaili, Sadia, 1954- . I. Titre. II. Collection : Collection
Témoignage (Éditions JCL).

JV7590.M47 2005   305.9'06914'094   C2005-940029-3

© **Les éditions JCL inc.**, 2005
Édition originale : mars 2005

Tous droits de traduction et d'adaptation, en totalité ou en partie, réservés pour tous les pays. La reproduction d'un extrait quelconque de cet ouvrage, par quelque procédé que ce soit, tant électronique que mécanique, en particulier par photocopie ou par microfilm, est interdite sans l'autorisation écrite des Éditions JCL inc.

La Route
de la dignité

L'exil volontaire d'une famille

COLLECTION
TÉMOIGNAGE

© **Les éditions JCL inc., 2005**
930, rue Jacques-Cartier Est, CHICOUTIMI (Québec) G7H 7K9
Tél. : (418) 696-0536 – Téléc. : (418) 696-3132 – www.jcl.qc.ca
ISBN 2-89431-326-8

305.906914
MESS. R

202943

SADIA MESSAILI

La Route
de la dignité

L'exil volontaire d'une famille

CE DOCUMENT N'APPARTIENT PLUS
AUX BIBLIOTHÈQUES DE
L'ARRONDISSEMENT DE MONTRÉAL-NORD

LES ÉDITIONS JCL

Nous reconnaissons l'aide financière du gouvernement du Canada par l'entremise du Programme d'aide au développement de l'industrie de l'édition (PADIÉ) pour nos activités d'édition. Nous bénéficions également du soutien de la SODEC et, enfin, nous tenons à remercier le Conseil des Arts du Canada pour l'aide accordée à notre programme de publication.

Gouvernement du Québec – Programme de crédit d'impôt pour l'édition de livres – Gestion SODEC

À mes parents pour leur amour,
À ma sœur Amina, mon frère Djamal,
À mes enfants,
À leur père,

Aux refugiés qui portent la vie partout où ils vont,
Au peuple canadien qui est le mien...

Je dédie chaque mot, chaque souffle,
chaque volute de ce récit.

Aussi loin que je remonte dans le souvenir, je me revois dans la contemplation inquiète de l'horizon, cette limite au-delà de laquelle le regard ne peut plus voyager. Je remonte à ma quinzième année, renfrognée, à peine consciente des premiers remous du cœur face aux premières questions compliquées.

Je me rappelle, accoudée longuement à la fenêtre de notre cuisine, attendant le passage du train qui venait d'Oran pour entrer dans l'inconnue direction qui me fascinait, et cette ligne mouvante que je captais chaque fois avec passion emportait dans son tracé une partie de mes rêves d'enfant...

Chaque jour de ma jeune vie, j'allais à cette fenêtre pour mon rendez-vous avec les trains.

J'aimais regarder leur oscillation dangereuse dans le sillon lointain qui délimitait le ciel de la terre.

C'était il y a vraiment longtemps et, aujourd'hui encore, je garde cet amour des horizons, cette merveilleuse sensation qui naît de la contemplation des couchants qui transforment des moments tout à fait simples en une divine poésie que nul poète ne saurait imaginer...

Couchants, aurores, départs, voyages, partir toujours plus loin, toujours ailleurs, fuguer, fuguer, ne jamais se fixer en un endroit quelconque afin de vivre le plus intensément; ne rien perdre ni des couleurs soyeuses que le soleil à son déclin dédie au ciel de l'été, ni des tendres traînées de nuages qui habillent le firmament bleu nuit et le laissent rêveur, ni de la légère brise qui se lève doucement et annonce l'approche du crépuscule fauve. Partir, sans tourner la tête, sans un seul regret, sans douleur, sans aucune larme, sans blesser, sans avoir rien perdu, sans rien prendre, sûre de trouver des raisons pour un autre voyage plus captivant encore, plus prometteur, magique et enchanteur, partir comme l'eau des fleuves qui parcourt des milliers de kilomètres de terre sans rien entraîner avec elle que le bruit enivrant de ses propres murmures, infiniment, allégrement, sans peur, à croire que mon corps, dans ce désir insensé, cherche enfin à fondre dans le sens universel de la vie.

Alors que les wagons, oscillant comme des jouets, fondaient dans l'inconnu, mon esprit imaginait leurs heureux passagers vivre leur fascinante traversée dans une dimension qui se dérobait lentement à ma vision. Était-il enfin écrit que je prenne un jour la longue route du voyage tant souhaité, tant idéalisé?

Je n'en sais rien. Cependant, j'ai toujours été vagabonde et j'ai un faible pour mes semblables. J'aime leur superbe détachement des racines et leur soif d'aller loin. J'aime la légèreté surprenante de leurs avoirs, l'intelligence de leur regard qui en sait bien plus long sur la vie pour l'avoir bravée dans ce qu'il y a de plus rude, de plus primaire. J'ai du respect pour celui qui a choisi le respect de soi et d'y vivre en conséquence. Pour cela, j'ai choisi de n'appartenir qu'à moi-même et d'aimer tous les pays sans en adopter aucun de façon viscérale.

J'ai vu ce monde, paraît-il, par un magnifique jour d'août à Casablanca.

Je me suis retrouvée, quarante ans plus tard, à Montréal, cette ville qui aujourd'hui m'appartient. Bien souvent, j'ai suivi le sillage de mon destin, croyant l'avoir choisi, en apparence du moins, déambulant d'un pays à l'autre à la recherche d'un confort jamais atteint. Je voulais aller loin, le plus loin possible, je ne sais au fond pourquoi.

Aujourd'hui, Dieu soit loué, je suis libre et heureuse; j'ai rejoint l'océan que je recherchais. Fin décembre 1995, j'ai foulé le sol de mon pays d'adoption, avec une vie à moitié vécue déjà et pourtant prête à croire encore au miracle de la renaissance, parce que j'avais misé sur cette terre d'accueil et accepté à l'avance d'y mourir et d'y être inhumée, en toute confiance. Je suis québécoise, montréalaise, canadienne, d'origine algérienne, mais, avant tout, je suis un être universel.

Nous commençâmes notre trajet le jeudi 29 juillet 1993 de la ville de Mascara où habitent mes parents. Ce fut un voyage minutieusement pensé, lentement préparé, avec toutes ses raisons.

Un voyage pas comme les autres, qui demandait une lucidité assez forte pour ne plus regarder en arrière, encore moins rebrousser chemin. Nous avions tout programmé : le chemin que nous tracerions à travers l'Europe pour arriver au pays que nous avions définitivement choisi, après mûre réflexion.

Nous avions vendu une bonne partie de nos biens. Nous nous procurâmes les visas pour les pays par où nous devions transiter et nous avions assez d'argent pour la durée du voyage.

Moi, j'étais déjà ailleurs, projetée dans l'espoir d'un futur au large horizon où ma vie aurait plus d'un synonyme, où je n'aurais plus à trembler pour la sécurité de mes enfants qui n'étaient pas algériens, où je me reposerais d'étaler ma vie d'explications en excuses... Seulement là, face au premier pas du départ, je ne sentais plus la force de ce courage qui m'avait permis ces deux dernières années de lutter pour la survie de ma famille.

Nous sommes tous présents dans la salle à manger, les bagages à nos pieds. Papa a vite embrassé les enfants, les yeux embués de larmes. Cela non plus, je ne serai jamais prête à l'oublier.

Mon père, très attaché à ma fille Amira, ne put attendre

l'arrivée du taxi. Il s'enfuit le visage empreint de chagrin. Il y avait mes quatre sœurs qui s'affairaient autour de nous. Maman, plus courageuse, me prodiguait les derniers conseils; il y avait cette curieuse atmosphère de ponts prêts à tomber et je pleurais. Dans les moments de grandes décisions, l'homme retourne au cocon protecteur, vers le visage de sa mère, et perd la notion du temps qui l'a forgé pour partir loin d'elle.

J'ai ouvert la porte et je n'ai pas voulu en quitter le seuil. Je me suis retournée vers maman et j'ai encore sangloté dans l'escalier. Comment fait donc le corps pour accomplir sa tâche d'automate tandis que le cœur le lâche? Je n'en sais rien.

Nous descendîmes prendre un taxi pour l'aéroport d'Oran. Arrivés à Alger, nous en prîmes un autre pour aller au camp des travailleurs yougoslaves à El-harrach. Nadir est allé à l'ambassade polonaise pour obtenir son visa.

Le jeudi soir, 29 juillet 1993, El-harrach, Alger

Nous bénéficiâmes de l'aide et de l'hospitalité des travailleurs croates, serbes et bosniaques qui, à l'époque, malgré la guerre qui sévissait en ex-Yougoslavie, vivaient en bonne intelligence dans ce petit camp parsemé de roulottes et transformé en un minuscule village serein et paisible.

Un couple, les Hodjidj, nous invita à dîner. Le lendemain nous prîmes un bon déjeuner avec eux dans une curieuse atmosphère de calme, comme si nous nous préparions à effectuer un long voyage d'agrément.

Le vendredi 30 juillet 1993

Il était sept heures du matin. Alger était ensoleillée. Moi, j'avais la crampe traditionnelle des départs. Monsieur Hodjidj nous accompagna jusqu'à l'aéroport et nous prîmes bientôt le premier avion pour l'Italie. Nous eûmes un vol tranquille. Vers midi, nous arrivâmes à Rome, une ville à première vue très belle et enivrante. Les enfants raffolèrent des glaces. Nous achetâmes des fruits et un peu de victuailles pour le voyage. Nous n'avions pas beaucoup d'argent, il fallait l'économiser pour tout l'itinéraire. Nous achetâmes des billets de train pour Vienne. Nous passâmes la nuit à dormir dans un train propre et spacieux. Ce fut un voyage paisible et agréable.

Le samedi 31 juillet 1993

Nous nous réveillâmes vers sept heures du matin, affamés. Il faisait si beau à Vienne. L'Autriche est un magnifique pays de montagnes vertigineuses et de verdure. Cependant, nous n'avions ni le temps ni les moyens de nous y attarder. Il nous fallait avaler rapidement notre petit déjeuner dans la gare où nous prîmes d'autres billets encore pour la prochaine étape du trajet, Breclav, ville située à la frontière de la République Tchèque.

À Breclav, nous atterrîmes dans une triste petite gare où nous dûmes attendre le train pour la capitale, Prague. Nous nous munîmes de nos sandwichs, de nos bagages, de nos enfants et occupâmes un compartiment où un vieux monsieur vint nous tenir compagnie. Durant le voyage, nous fîmes sa connaissance. Il nous parla de sa défunte épouse, de la Moravie, de ses enfants, de lui. Puis, il nous regardait profondément, intensément, le visage empreint d'une inquiétude infinie.

Ses yeux semblaient poser mille questions, car cela l'effrayait de nous voir ainsi partis pour une terre inconnue avec quelques vêtements, quelques livres et un espoir, celui de rester ensemble tous les quatre.

La nuit tombait sur les paysages mélancoliques d'un beau pays que nous n'aurions jamais connu. Le train nonchalant n'était pas de ceux qui respectaient l'heure... Dans ce compartiment noyé du crépuscule d'une triste nuit anonyme, nous étalions au voyageur inconnu nos projets appris par cœur, depuis des mois. Le fait d'en parler, encore et encore, les rendait non seulement réels à nos yeux, mais plus tangibles, logiques et clairs pour les autres. C'était cette unique force (simple illusion sans doute pour les autres) qui nous poussait à continuer ce chemin. Nos enfants étaient confiants, plongés encore dans l'âge qui se laisse entraîner sans question!

Nous arrivâmes à la tombée de la nuit. Au guichet de cette lugubre gare sans lumière, nous apprîmes qu'il n'y avait plus de train en partance pour Poznan, en Pologne. Le prochain ne serait disponible que le lendemain à dix-neuf heures! Qu'allions-nous donc faire, lâchés soudain dans l'imprévu vide, avec nos lourds bagages et notre angoisse d'arriver enfin au pays choisi? Devant notre désarroi, le monsieur nous invita à venir passer la nuit chez l'une de ses connaissances.

La fatigue commençait à avoir raison de nous. Il me semblait quelquefois déambuler dans des paysages irréels, buter contre des arbres fantomatiques. En fait, je manquais beaucoup de sommeil et de bon café. Cependant, les enfants, s'étant habitués à découper leurs heures de sommeil en plusieurs tranches, récupéraient curieusement mieux et la bonne humeur ne les quittait pas.

Dans le crépuscule, Prague semble être une vaste ville à l'instar des capitales larges et ambitieuses de grandeur. Mais le voyageur qui cherche refuge ne s'attarde jamais à la contemplation de ce qui est beau afin d'en graver le souvenir pour le plaisir. Il est plongé dans son monde intérieur de peur et ne cherche qu'à partir plus loin pour arriver là où il sera enfin admis. Nous ne traversions pas l'Europe en touristes mais en réfugiés anonymes.

Quelque chose d'étonnamment triste me serrait le cœur. J'ignorais pourquoi, mais cette halte dérangeait nos plans, notre liberté. Nous n'avions compté que sur la miséricorde de Dieu durant notre voyage et nous ne voulions déranger personne. Le vieil homme offrit de nous aider à transporter les bagages, pressant le pas, nous expliquant que la nuit appartenait aux voleurs et qu'il fallait vite sortir de la gare. En effet, les abords des lieux grouillaient de jeunes dont le regard nous donnait l'envie de déguerpir au plus vite. Nous n'eûmes d'autre possibilité que de le suivre. La dame qui nous ouvrit la porte eut l'air effrayé de voir débarquer chez elle toute une famille. Malgré la barrière du langage, je pus comprendre sa réticence à nous recevoir ou, plus exactement, à nous louer une chambre. Elle n'en possédait qu'une seule, très belle, spacieuse. Or, celle-ci était déjà louée à un monsieur qui devait arriver à tout moment.

Elle réprimandait son vieil ami puis se retournait vers nous l'air navré. J'ai dit paisiblement que nous allions partir, qu'elle n'avait aucune raison de s'inquiéter. Alors, le vieillard se leva, très beau, parut plus grand encore dans sa colère, cet emportement qui naît de l'indignation, et commença à gronder dans la nuit. Il était notre avocat d'office, lui qui avait écouté nos rêves vibrer sous ses yeux dans le train et qui devait imaginer le parcours qu'il nous restait à franchir encore avant de les réaliser. La dame l'écoutait en nous jetant des regards désolés. Il devait employer des mots poignants, difficiles à encaisser sans émotion. Ensuite, avec un sourire apaisé, il lui demanda de nous préparer du café et des tartines beurrées.

Les enfants étaient transis de froid, ce froid qui naît de la fatigue. Dan, mon fils, se laissait aller lentement, glissant peu à peu dans le sommeil sur le divan de la jolie cuisine où la dame passait quotidiennement ses nuits. Grâce à la chaleur des boissons chaudes, au calme revenu, l'atmosphère se détendit peu à peu et la dame proposa aux enfants d'aller se laver et dormir. Nous restâmes encore un moment entre adultes à échanger dans une langue intermédiaire, entrecoupée de mots tchèques et croates, puis il fallut rejoindre les enfants et espérer que le sous-locataire ne vienne pas pendant la nuit.

Le dimanche 1ᵉʳ août 1993

Le lendemain, nous étions reposés. Nous prîmes un léger petit-déjeuner, réglâmes la dame pour ses services et leur fîmes nos adieux. Je me souviens alors du vieil homme qui embrassait mes enfants. Je m'en souviendrai toujours. Ses yeux étaient brillants de larmes. Il me rappelait étrangement mon père.

Si les êtres humains arrivaient à découvrir l'amour fraternel immense qui les unit, *juste* pour la bonne raison qu'ils sont tous pareils, égaux, éprouvant les mêmes craintes, les mêmes espoirs, si les hommes arrêtaient le massacre de leurs semblables, je crois qu'ils ne supporteraient plus les barrières si fortes de haine, d'intolérance, de mépris ou de simple indifférence qu'ils érigent entre eux.

Je revois le visage rouge du vieil homme, une fois encore. Il devait deviner notre infortune, cette ultime détresse qui pousse tant de jeunes, tant de familles à risquer quasiment leurs vies pour un but pratiquement impossible à atteindre. Pour notre part, nous étions accrochés à cette idée de départ, déterminés à fouler le sol de cette contrée aimée sur simple carte géographique.

À force d'en avoir entendu parler, la Suède fut lentement adoptée par nos enfants et, à chaque escale, ils nous demandaient le nombre de kilomètres qui nous séparait d'elle.

Nous avions déjà oublié les courbatures dans les trains tchèques, les sandwichs secs, le manque d'eau. À l'instar de ceux qui se privent de quelque chose très longtemps afin d'estimer à sa juste valeur le bonheur de la fin, nous ne regardions même plus les magnifiques paysages défiler harmonieusement dans la lumière transparente du mois estival.

Nous avions passé des nuits entières dans des trains, traversé des jours durant des villes inconnues, sur le même rythme continuel, accéléré, tremblant à chaque sou perdu, calculant le reste de notre argent sur chaque banc.

Après la mémorable nuit passée à Prague, nous reprîmes le train de nuit en direction de la ville polonaise, Poznan.

Le lundi 2 août 1993

Poznan, il est sept heures du matin. Nous descendons dans une ville superbe, endormie, dont les magasins, cafés, boutiques et agences n'ouvrent mollement qu'à neuf heures. Nous nous démenons comme de pauvres diables pour trouver des salles d'eau et un endroit où déjeuner. Je me rappellerai toujours le prix exorbitant du petit-déjeuner aux croissants dans ce petit café où l'on savait bien que nous n'étions que des étrangers de passage.

Ensuite, nous sommes allés changer parcimonieusement notre argent. Nous achetâmes des billets de bateau pour la ville suédoise Yvstad. Naïvement, cet *exploit* nous transportait de joie. Nous devions nous procurer également des billets de train pour parvenir jusqu'à la frontière du pays qui donnait sur le port de Swinoujscie. La ville polonaise était si belle, si attirante, les boutiques si étincelantes et fournies que nous nous mîmes à nous promener et à lorgner le prix des articles. Finalement, nous achetâmes des souliers pour les enfants, puis nous nous sommes affolés pour retrouver la gare. Il est treize heures; il faut se dépêcher pour récupérer les bagages à la consigne et sauter dans le train à la dernière minute.

Les enfants ont la tête qui tourne de fatigue et j'ai peur pour eux. Heureusement, ils pourront à nouveau récupérer dans le train. Peu à peu, les trains sont devenus leur havre, leur refuge, l'endroit où ils peuvent s'étendre pour fermer leurs yeux qui piquent. Peu à peu, les gares sont devenues leur seconde demeure, leur offrant ces bancs durs en bois et des glaces au prix astronomique.

Nos enfants ont progressivement appris l'art de s'adapter à cette situation de bohème, sans principe fixe, sauf celui de survivre. Au début, ce n'était rien. Juste un long parcours à faire.

Puis cela s'est transformé en un mode de vie établi. Amira me demandait souvent :

« Mais quand allons-nous enfin reprendre le train, maman! »

Je constatais et je culpabilisais.

Dans ce wagon qui nous emmenait vers l'avant-dernière étape de notre voyage, au port polonais de Swinoujscie, Nadir, se sentant euphorique, se mit à discuter avec deux jeunes hommes du pays tandis que je tombais de fatigue. Les enfants, l'un face à l'autre, se chamaillaient et je n'avais plus la force de les raisonner. Nous ne comptions plus les heures que les trains des pays de l'Est effectuaient dans leur parcours. Voilà enfin ce port qui ressemble étrangement aux paysages décrits dans les livres de ma jeunesse, décors mouvementés, presque irréels, inquiétants, flous, inconsistants. Les jeunes Polonais mirent nos ballots sur leurs dos et emboîtèrent le pas à mon mari. Ils nous aidèrent à les transporter jusqu'au bureau des douanes et je crus alors deviner ce rêve d'évasion dans leurs belles têtes blondes, rêve légitime, propre à cette espèce d'êtres en quête d'un bonheur idéal, impossible à réaliser sur leur terre natale.

Dans la salle d'attente où nous serons obligés d'être assis près de trois heures, de gros moustiques agressifs auront raison des membres graciles de ma fille. Mais nous nous disions qu'il fallait tout supporter le long de ce parcours, pourvu que nous arrivions à destination. Nous réservions le repos pour la fin, amenuisés par l'effort que nous exigions de nous-mêmes. Nos enfants devaient souffrir, mais nous n'avions pas le courage d'y penser. Nous n'avions pas d'autre choix que continuer à aller de l'avant, mus par l'instinct de la bête qui sait le danger qu'elle fuit. Nous étions à son instar sur le qui-vive, guettant le moindre signal inquiétant autour de nous... Je n'oublierai jamais les salles d'attente que nos pieds, un jour, foulèrent, même lorsque la plupart des souvenirs jauniront dans ma mémoire. Incrustées vives dans les méandres de mon cerveau, je les verrai toujours grises, obscures, angoissantes.

J'y vois mes beaux enfants, prunelles de mes yeux, déambuler silencieusement pour tuer ce temps qui nous tue. Je m'y vois avec les yeux hagards d'une fugitive à la recherche d'un appui consistant pour échapper au cercle infernal des suppositions pessimistes sans fin. Je vois Nadir, courageux, optimiste, mon contraire, et l'envie de pleurer veut secouer mes entrailles, mais j'y résiste de tout mon corps.

Le temps. Cet ennemi nous nargue et s'arrête quelquefois. Il nous observe alors qu'on le supplie de passer. Soudain, sans raison apparente, j'ai peur. Une douleur primitive, une sorte d'avertissement ancestral. C'est une frayeur brusque, lancinante, irraisonnée, qui me paralyse le cerveau un instant. La peur d'enjamber ce vide de l'inconnu. De mourir. De disparaître dans l'anéantissement de l'espace et du temps sans plus d'attaches, puisque les ponts ont depuis longtemps sauté...

Je refuse de penser à ce que j'ai osé faire, au passé encore récent, à mon travail, là-bas, laissé en plan, à ma pauvre petite maison dont je n'ai jamais pu apprécier la douceur jusqu'au bout, aux premiers raisins plantés et jamais goûtés et que d'autres récolteront, au soleil gratuit de mon pays, à mes parents, mes sœurs, mes frères, mes amis, aux dernières empreintes laissées au pas de cette porte que je ne rouvrirai jamais même si les dents de la mer ont raison de moi.

J'ai respiré profondément pour chasser la vague de chagrin qui déferlait sur mon moral et j'ai fait une prière à Dieu qui devait être là, comme partout avec les pèlerins de la Paix. Dieu, Dieu, nous cherchons paix et sécurité, guide nos pas vers le pays des nôtres.

Lentement, le crépuscule aoûtien envahit êtres et choses et l'attente n'en finit pas de s'étirer. Silencieuse, serrée contre mes enfants, je contiens ma douleur et promène mon regard sur les rares passagers qui attendent. Et, à mon habitude, j'invente à chacun d'eux une histoire. Toutes tragiques à l'instar de la mienne.

Il y avait un père et sa fille. Une belle jeune fille de seize ans au visage très expressif. L'homme au regard tourmenté penchait sa tête sur l'épaule de son enfant et lui parlait de sa mère qu'ils allaient rejoindre enfin, après des années d'exil. Bien entendu, leur langue m'était étrangère, mais leur histoire se lisait sur leurs traits inquiets. Il disait d'elle des propos tristes, cassés, qu'elle avait tellement changé que le sourire ne savait plus comment éclairer son visage, qu'elle n'était plus la même. Puis, il y avait les autres, les jeunes, fugueurs intrépides, aventuriers, à la recherche de l'air pur, à la recherche du travail, des espaces où leur fougue ne serait pas mal perçue. Je les regardais avec mes yeux d'adolescente et je comprenais leur audace. Pour eux, il ne m'est pas du tout difficile d'inventer une histoire. Ils prennent un moyen de transport, souvent sans billet, et misent leur peau dessus. Pour eux, ces chevaliers du courage, à peine sortis du giron de leur mère affolée d'inquiétude, la vie vaut le coup d'être ainsi misée sur un pareil voyage et se joue de n'importe quelle façon, en kamikazes ou à la roulette russe pour aller au plus vite, rien à perdre, pas même de ballots sur les épaules, alertes, prêts au refoulement sans émotion aucune. Et leur mort, propre, brève et violente éclate et éclabousse à jamais les consciences sales.

Puis les douaniers. Désabusés, faussement indifférents, avec leur tête carrée derrière laquelle l'homme doit absolument céder le pas au fonctionnaire, ils se détachent du monde, s'accrochent aux documents faux ou vrais, ne creusent jamais jusqu'au bout l'application d'une loi, évitent le regard effaré des passagers mal habillés, marmonnent des ordres bourrus, se regardent pour sceller le pacte du silence, pestent contre les politiciens de leurs pays chaque soir en rentrant chez eux et continuent jusqu'à minuit leur tâche d'automate. Ne pas réfléchir pour rester debout, au poste puisque leur pain en dépend. Quelquefois, l'un d'eux démissionnera par dégoût.

Une sale mission que de devoir refouler un homme qui cherche la liberté.

Au bout, cloués sur un banc de bois, il y a nous, gonflés d'espoir et de crainte. Fatigués de ressasser notre histoire de couple mixte, de parias apatrides, de gitans indésirables, pauvres au sens ahurissant du terme, sans toit, sans fric, bientôt sans nourriture et sans autre ressource que des mots pour convaincre. À un moment donné, j'eus tellement mal que l'envie de pleurer me serra la gorge comme un étau. Mes larmes ne coulèrent pas faute de force et j'abandonnai.

Le lundi 2 août 1993, vingt-trois heures

Nous sommes enfin sur ce bateau, dernier relais d'une course de quatre jours depuis la côte nord-africaine. Que le monde est donc petit; il suffit de quelques heures pour en faire le tour complet avec toutes nos machines volantes! Et pourtant nous en fuyons certaines parties, comme l'enfer. C'est pourtant en enfer que vivent patiemment tant d'êtres humains, résolus à tenir le coup jusqu'au bout. Et cela est du courage. Un phénoménal courage au quotidien. Rester sur sa terre envers et contre tout relève du même principe que s'en évader par révolte.

Il n'y a pas de lâcheté dans l'ambition de l'homme à rechercher la meilleure formule du bonheur. C'est dans cette ultime différence que nous nous reconnaissons et unissons tous. C'est là où la notion de liberté est à mon sens la plus significative.

Instantanément, mes muscles se relâchent, mon corps se détend et m'abandonne.

Je n'en peux plus. J'ai eu beau essayer de bloquer le passage aux flux et reflux des mille émotions contradictoires qui m'assaillent, de contrôler la confusion émotionnelle qui m'inonde, de me détacher de moi, d'aller plus loin, de sortir du cercle, de relativiser, de chercher dans la beauté du ciel bleuté une poétique échappatoire, de rire, ou feindre du moins un semblant de bonheur, c'est le déluge, je n'en peux plus. Je pleure. Je pleure quatre jours de larmes retenues, depuis le départ.

Je pleure le passé perdu, les ponts irrémédiablement

éclatés, les mains de maman, droite dans le jour, souriante, courageuse, ses belles mains fines détachées lentement des miennes, et papa qui sort précipitamment en se cachant le visage pour m'épargner ses larmes...

Je pense à chacun des miens pensant à nous et tentant de deviner où nous en sommes. J'essaie d'imaginer leur bonheur de croire que tout s'est bien passé pour nous. Je pleure en écrivant ces lignes sur le bateau qui vient à peine de se détacher des côtes polonaises et qui tangue pour s'en aller. Nous n'avions épargné ni nos forces, ni notre temps, ni nos ressources. Nous n'avions pas arrêté de croire qu'il devait exister quelque part en ce bas monde une terre hospitalière où les êtres étaient humains, cléments, sensibles à la détresse et à la souffrance de leurs semblables, capables d'écouter, de tolérer qu'on soit différents, moins riches et pas d'accord avec leur politique.

Nous parlions avec conviction, avec foi, avec bonheur et avec beaucoup d'espoir de cette terre où les hommes étaient encore capables de réfléchir avec leur conscience et leur cœur, prêts à s'écarter de leur confort pour aider et même partager leurs avoirs sans aucune peur d'en manquer. Cette force nous permettait de vivre et quelquefois même de survivre. Quand tout allait très mal, nous rêvions de partir. Alors, l'univers étroit de notre solitude sociale disparaissait et à l'instar des merveilleux contes où la magie ne connaît pas de bornes, nous voyions s'élargir notre espoir d'un monde meilleur, paisible, nous le percevions vivant, possible, palpable.

Quand le bateau atteindra le large de la mer, j'achèverai le chapitre de nos courses, les bagages sur nos épaules déformées. Et nous prierons, nous prierons Allah notre protecteur de nous guider.

Le mardi 3 août, 1993

Il est huit heures du matin, en terre suédoise. C'est le pas vers l'ultime phase de ce voyage fou. À présent, il fallait affronter les douaniers. Faire en sorte de passer de l'autre côté. Croiront-ils jamais que nous avions *tout misé* sur cette frontière? Liront-ils sur nos visages notre fatigue, notre espoir? Sauront-ils évaluer, comme des êtres humains, la réelle valeur de tout ce chemin entrepris, sa valeur humaine, humaine au-delà de toutes les autres considérations?

Nous étions les premiers à descendre du bateau, en ce matin brumeux d'août, et les derniers à nous présenter au contrôle des douanes. J'avais tellement peur que je ne sentais plus mes membres. Mon métabolisme avait dû brusquement ralentir sous l'effet de l'effroi d'être éconduits. Lentement, nous avançâmes aux bureaux vitrés. Ce fut dur. Très dur.

L'employé consulta rapidement nos passeports puis nous demanda en anglais :

« Pour quelle raison êtes-vous venus en Suède?
— Nous sommes venus rendre visite à un ami », répondit Nadir tout calmement.

Nous n'avions pas de visa d'entrée. Faille considérable dans notre projet. Mais nous le savions. Des touristes sans visa de séjour, c'est douteux, voire invraisemblable. Nous étions bien passés par l'ambassade suédoise à Alger pour les demander, mais la préposée au service d'accueil nous avait prévenus d'emblée qu'une enquête de quelques jours serait absolument nécessaire. La demande serait envoyée aux autorités suédoises et la décision dépendait d'eux. Or, nous ne pouvions attendre tout ce temps-là en raison de la courte validité des autres visas : tchèque, polonais, italien et autrichien...

Patiemment, Nadir entreprit de leur expliquer que nous n'avions pas eu le temps d'attendre l'émission du visa suédois en raison de l'ensemble des circonstances de notre voyage.

Il s'exprimait correctement et clairement en anglais sans s'énerver, lui qui n'avait pas dormi durant trois jours et qui fumait continuellement pour se calmer et tenir debout.

Cependant, nos explications compliquées, nos raisons de partir au plus vite, l'urgence de notre cas, toute cette histoire enchevêtrée aux mille détails individuels ne les concernait pas.

Le fait terrifiant que nos projets dépendaient uniquement de ce pays ne concernait personne.

Il y a un moment où l'être humain ressentira l'impression d'être totalement seul, bien qu'entouré des autres humains, pour la bonne et simple raison qu'il défend une cause à laquelle personne ne croit et n'adhère; cette terrifiante solitude, je l'ai sentie me glacer les os. Et j'ai compris fugitivement qu'il y a de multiples degrés d'intensité dans le désespoir jusqu'à la note insoutenable qui te détache définitivement de la vie.

Mon compagnon fut brave jusqu'au bout. Je le revois penché sur le rebord du bureau, tentant de nous sauver du désastre. Je l'ai admiré pour ce courage tranquille, cette force qui n'appartient qu'à ceux qui sont debout pour les autres.

En fait, le choix de la Suède reposait sur plus d'une raison. Nous savions que l'Autriche accueillait les réfugiés d'ex-Yougoslavie et que nous avions des chances d'être admis à Vienne. Mais nous craignions aussi de figurer dans le malheureux lot de refoulés. Justement parce que nous fuyions un pays où nous aurions pu demander l'asile. Pour cela, nous avions consciencieusement étudié la position géographique de chaque pays européen, sa superficie, son nombre d'habitants; idiot ou pas, c'était le seul moyen d'évaluer nos chances.

Nous avons pris également en considération son P.N.B.[1] et il était le plus élevé des pays d'Europe, car, par naïveté, nous avions cru qu'en cognant aux portes d'un pays riche nous aurions plus de chances d'être aidés. Une perception primitive, simpliste, humaine. Nous n'avions pas consulté de spécialistes, nous ne nous étions pas renseignés sur les lois d'immigration du pays; nous n'en avions pas les moyens.

Le Suédois d'origine algérienne que nous avions vu la première et la dernière fois de notre vie chez nous nous avait encouragés à entreprendre ce voyage. Je me souviens bien de ce jour-là. Nous étions assis dans notre jolie petite cuisine éclairée par un bel après-midi estival. La carte d'Europe étalée sur la grande table, nous tracions déjà notre chemin d'une ville à l'autre, d'un continent à l'autre.

L'homme, accompagné de son cousin, avait l'air honnête et sérieux.

« La Suède est bienveillante à l'égard des demandeurs d'asile de l'ex-Yougoslavie, nous dit-il. Il ne faut pas trop attendre. Faites vite. Je vous donne mon adresse et mon numéro de téléphone. Si vous avez le moindre problème aux frontières, n'hésitez pas, contactez-moi, je me chargerai de vous aider. Il vous suffit juste d'arriver au port. »

Nous avions le dessein de traverser l'Espagne, mais il

---

1. Produit national brut.

nous conseilla un meilleur itinéraire à suivre : le plus rapide et le moins coûteux. Forts de ces informations, de cette adresse sécurisante, nous ne pouvions plus reculer. Nous avions tenté d'obtenir l'asile politique de certains gouvernements européens par l'envoi de demandes aux ambassades à Alger. En vain. Pour obtenir quelque chose, nous disait-on, il faut se déplacer, se rendre dans les pays, bouger.

Le contrôleur nous demanda l'adresse de notre ami. Vérifiée, elle s'avéra exacte, mais l'homme n'était pas chez lui. Sa femme ne nous connaissait pas, n'avait même jamais entendu parler de nous. Nous avions fait la connaissance de son mari lors de son voyage en Algérie, un mois plus tôt, et il n'était pas encore de retour. Perdu au fin fond du Maroc ou quelque part ailleurs.

Lentement, les vérifications allèrent leur train tandis que je m'assis sur un chariot à bagages, éreintée, sans défense. Je me couvris le visage, tout simplement, parce qu'il commençait à se déformer.

La communication terminée, l'épouse de l'Algérien nous largua définitivement de sa vie tout en maudissant, peut-être, son étourdi de mari de nous avoir donné leur adresse.

« Si vous comptez demander asile en Suède, autant y renoncer, nous avertit abruptement le douanier, vous ne l'obtiendrez pas.

— Non, monsieur, laissez-nous passer en touriste », demanda alors Nadir.

Je sentis l'extrême désespoir dans la voix de mon mari.

« Montrez-moi alors l'argent dont vous disposez », répliqua-t-il automatiquement.

Nous n'avions pas grand-chose à étaler devant lui et il ne pouvait nous permettre de nous laisser partir ainsi et disparaître si facilement dans la nature. Même dans ce malheur, dans cette infortune, je comprenais parfaitement la logique des choses. Je comprenais la fragilité de notre situation, l'embarras du douanier qui ne faisait qu'obéir à des lois et des directives strictes. Je comprenais l'étendue de notre pari, un pari fou, basé beaucoup plus sur notre détermination et notre courage à risquer nos vies que sur cette incertaine probabilité d'être reçus quelque part. Seulement, celui qui a décidé de partir, poussé par la force invincible qui nous fut nécessaire, ne s'attarde plus aux détails pour les analyser, puisque, de toute façon, *rester ensemble* en Algérie n'était plus possible. Et là, en début de ce mois d'août, nous comprenions enfin que notre pari était perdu. Tous les passagers étaient partis depuis longtemps déjà. Nous étions l'affaire du jour. Nous n'osions pas tendre la main, là, à la fin du voyage, dire oui, nous sommes venus en frères demander votre aide. Nous n'osions pas pleurer, mendier la vie, le soleil, la liberté, l'amour, la compréhension, car le paradis, ce paradis suédois, avait déjà fermé ses portes deux mois plus tôt! *Nous étions arrivés tout simplement trop tard...* Nous n'avions plus le droit de demander asile.

On nous pria d'aller attendre dans une salle blanche, froide et que j'imaginais dans ma folle terreur truffée de caméras invisibles. Je restai un moment avec les enfants à refouler mes larmes tandis que Nadir devait répondre à certaines questions.

Puis ce fut mon tour. L'interrogatoire retraçait notre itinéraire depuis l'Algérie, remontant notre filière d'évadés volontaires, de réfugiés déambulant à la recherche de la terre la plus hospitalière d'Europe. S'ils avaient saisi l'importance du choix de leur pays, ils eussent été fiers de lui, puisque à nos yeux il était le meilleur. Mais nous, qui étions-nous, au fond, à leurs yeux?

Les questions retentissaient dans mes oreilles et mon cerveau n'en captait que les intonations désagréables. Il me semblait avoir tout perdu. Avoir perdu le courage de retenir mes larmes, la volonté de me défendre et le désir de vivre.

J'avais l'impression d'être sur une pente vertigineuse et qu'il n'y avait aucun moyen d'arrêter ma chute. Je glissais inexorablement.

Je n'avais ni l'art, ni la force, ni la moindre raison de cacher une quelconque information ou de mentir. Tout était facilement vérifiable sur nos passeports criblés de tampons. Je pleurais de ces larmes que la fatigue et l'épuisement font couler sans peine. Je me sentais fragile à l'instar d'un animal traumatisé, blessé, malmené. Puis, on me lâcha pour reprendre, une fois encore, mon mari.

En rentrant dans la salle, je lui chuchotai en langue croate de dire tout simplement la vérité. Vérité au bout de laquelle il fallait bien que quelque chose naisse.

Dans cette salle de purgatoire, je fouillais inlassablement le plafond de mes yeux, craignant l'œil d'un contrôle omnipotent. Ma fille me pressait de questions, insistant pour savoir si on allait enfin « nous accepter ». J'étais ankylosée dans ma douleur, le cœur paralysé dans une suite de questions effrayantes du genre : « Mais qu'allons-nous faire si on nous refoule? » « Où retourner? » « Mais nous n'avons plus de pays! plus d'argent! plus de projets! » Je n'avais aucune réponse à lui donner.

Ma fille était fatiguée et espérait la fin du calvaire. Dan, toujours silencieux, ne disait jamais rien. Par moments, je me calmais. Puis revenait cette curieuse sensation, jamais connue auparavant. La sensation d'être coupée du reste du monde, de ne plus appartenir à aucun groupe d'êtres humains, d'être la personne la plus étrange sur terre, sur une terre qui ne m'appartenait pas. Le temps passait lentement, un peu comme dans une prison.

Puis, il y eut un changement. Nadir revint dans la salle avec une jeune femme qui me demanda de signer un formulaire. Je comprenais à peine ses explications, mais je sentis l'étau du cauchemar se desserrer de notre destin. Elle travaillait au bureau de l'Immigration ou représentait le Haut Commissariat des réfugiés. Elle s'était battue avec ses collègues contre les autorités douanières pour nous maintenir en terre suédoise et nous éviter le refoulement.

Elle parlait le français et avait donc parfaitement saisi la portée du document officiel qui nous expulsait aimablement d'Algérie en l'espace de quelques jours. Ainsi, nous devions signer des demandes d'asile. Les sanglots, cette fois de joie, me firent rougir tout le visage. Je pus enfin expliquer aux enfants que c'était là la fin du voyage et qu'ils n'avaient désormais plus à s'inquiéter. Nos bagages furent méthodiquement contrôlés. On nous transporta rapidement dans un camp de réfugiés provenant d'ex-Yougoslavie. Là, nous eûmes droit à une petite chambre impeccablement propre à quatre lits. On nous laissa faire connaissance avec les autres habitants. Je me rappelle parfaitement bien toutes ces personnes. Chacune voulut nous offrir quelque chose. On nous servit du café, des gâteaux, nous mettant à l'aise et nous rassurant. Nous prîmes des douches, chaudes, réparatrices, les premières depuis notre départ de l'Algérie! Vite, avec cette aisance qui leur est propre, nos enfants se sont joints à d'autres, oubliant leur fatigue et leurs angoisses : ils s'échangeaient des jouets, galopaient d'un bout à l'autre des couloirs et se posaient mille questions enfantines. Je pus me laisser un peu aller, car j'étais à bout. Plusieurs personnes semblaient avides d'informations, posant des questions sur la situation des autres réfugiés en Europe. Cependant, nous n'eûmes pas grand-chose à leur apprendre.

Tout devait aller pour le mieux. Cependant, « ils » sont revenus.

La police est venue reprendre Nadir en garde à vue durant deux heures sans qu'elle nous en donne la raison. Puis, elle le relâcha. J'étais soulagée. Enfin, nous passâmes la nuit dans un calme relatif. Le lendemain, nous devions être prêts pour être transférés dans une plus grande ville nommée Malmö. Ce matin-là, il était tôt encore lorsque les responsables des services de l'Immigration sont venus nous chercher. Nous étions déjà debout, habitués aux voyages hâtifs et matinaux.

Nos effets furent rapidement entassés dans nos valises déformées et nous voilà sur la route brumeuse d'un pays dont nous ignorions tout.

Tandis que les arbres défilaient dans les virages, je contemplais mélancoliquement ce paysage terrestre si semblable aux nôtres, et pourtant interdit. Interdit par des frontières artificielles imaginées par des hommes contre d'autres hommes! Les questions du réfugié sont toujours marginales et ne suivent pas la logique de ceux qui n'ont jamais connu le naufrage sur des rivages inconnus. J'étais vidée du moment présent et des questions d'avenir. Tout se décidait en dehors de nous, mais j'avais confiance. Le voyage fut effectué en une heure. Nous, qui avions cru la Suède si différente, fûmes surpris de la banalité de la ville de Malmö. Arrivés à un hôtel, le chauffeur nous présenta à la réceptionniste, puis il s'en alla.

Je revois encore le visage agréable de la jeune femme à la réception, nous tendant la clé de notre chambre. Soudain, le geste se suspendit dans sa trajectoire alors qu'elle répondait au téléphone qui venait juste de sonner. Ce bref appel, lugubre, inexorable, anonyme, omnipotent, arrêta une fois de plus *le processus*. Et il fallut attendre un véhicule pour la destination retour. Bien entendu, elle ne nous donna aucune explication, remettant la clé à sa place et plongeant sa tête dans ses papiers.

Je n'avais plus la force de retenir ma peine. Je n'avais plus la force de sourire à mes enfants. Je n'avais plus la force de croire ni de prier. Je pensais que la mort, en quelque sorte, est un bon repos pour l'homme qui arrive au bout de tant de désespoir. Nadir fumait, le visage cireux. Affalés sur les bancs, les enfants dormaient profondément, de ce sommeil lourd du voyageur qui vagabonde au gré de sa chance, récupérant à leur façon les heures de leur vie perdues sur le chemin inutile, sur ce chemin de purgatoire qui nous menait tout simplement à un autre enfer pire encore... Alors, nous avons passivement attendu, comme des personnes bien polies. Le même véhicule du matin est revenu nous reconduire à Yvstad où l'on nous sépara à nouveau, lui en garde à vue, nous au camp des réfugiés.

Plus tard, Nadir m'expliqua que cette façon de faire était pour le corps policier une manière de nous empêcher de nous évader et de disparaître dans la nature.

Il n'y avait plus rien à espérer, je le savais parfaitement, mais les dames du camp me réconfortaient du mieux qu'elles pouvaient. Elles me disaient que toutes ces procédures intempestives étaient normales. Comme à un malade condamné à qui l'on veut éviter la douleur de la vérité, elles s'affairaient autour de moi avec la gentillesse de ceux qui sont passés par là et savent le degré de souffrance que l'on peut éprouver. Le début de la soirée s'étira dans une douleur viscérale où les questions s'amoncelaient les unes sur les autres et m'agressaient.

Je culpabilisais jusqu'au délire. Des sentiments fous, inextricables, violents, intérieurs, lancinants, jamais soupçonnés me déchiraient. Je me sentais premièrement, essentiellement, foncièrement responsable de tout. C'était moi qui avais voulu ce départ à quatre, cette folle traversée, car je refusais de voir ma famille disloquée en laissant Nadir partir seul...

Ma voix plus nette que jamais, chez nous en Algérie, retentit encore dans mes tympans :

« Je ne veux plus que l'on se sépare. Si tu dois partir, nous t'accompagnerons. Quoi qu'il arrive, nous resterons unis.
— Mais c'est une folie d'entraîner les enfants dans une telle aventure... c'est une trop grosse responsabilité que de se lancer dans l'inconnu à quatre », avait-il objecté.

Têtue, inébranlable, je ne voyais plus que ma famille soudain réduite à une mère décharnée, luttant désespérément, et à deux enfants handicapés de la présence tonifiante de leur père. Je ne voulais plus lui permettre de se perdre dans la nature et de me laisser inventer pour nos enfants un avenir fait de probables chimères.

Inflexible, j'avais mes arguments :

« Ensemble, nous aurons plus de poids. Seul, tu n'as aucune chance d'obtenir le moindre statut. Je ne suis plus capable d'assumer ma responsabilité et la tienne vis-à-vis de nos enfants. Je ne gagnerai jamais suffisamment d'argent pour les nourrir et leur payer l'école. Une fois le dos tourné, nos problèmes te paraîtront ridicules par rapport aux tiens et tu compteras sur mon courage et ma patience pour attendre ton retour dans quelques années... »

Je ne soufflais pas entre les phrases. Je n'en avais plus le temps. Je ne voulais ni des réponses ni des propositions; je ne voulais ni d'un dialogue ni d'un compromis.

Ma décision forgée dans ma tête, je prononçais la phrase assassine :

« Si tu pars seul, oublie-moi.
— Je pense partir, préparer le terrain et revenir vous chercher... avait-il tenté d'expliquer.
— Tel que je te connais, tu ne pourras jamais supporter une vie de misère, une vie de réfugié. Tu n'as pas le sens du sacrifice. Je te connais bien, va. Alors que je trimerai ici pour assurer notre survie, tu mettras un temps fou pour t'installer et préparer notre regroupement. Entre-temps, les enfants grandiront sans toi et cela les marquera à jamais. Non, non, je n'ai pas le courage d'assumer un tel poids. Je ne veux plus que l'on se sépare. Plus jamais. »

Il avait fini par capituler :

« Alors, il nous faudra tout liquider, demander des visas et prendre assez d'argent. Je ne veux courir aucun risque avec les enfants. »

À vingt-deux heures, un officier se présenta à notre chambre, me pria de faire les bagages et de l'accompagner au terminal. Je savais bien, je comprenais parfaitement bien que c'était le refoulement, mais j'eus l'impression d'être un chien battu devant le monsieur dont le visage traduisait la plus grande tristesse. J'eus le besoin stupide, impérieux de parler.

« Pourquoi nous refuse-t-on le droit d'asile? » ai-je demandé.

Pourquoi doit-on donc nous refouler, pourquoi, pourquoi? J'avais tellement de peine que mon cœur ne pouvait la supporter tout seul. Il me fallait la partager avec mon semblable et l'homme compatit. Il répondit quelque chose presque en chuchotant, presque en pleurant, mais je n'ai pas dû l'intégrer. Je ne m'en rappelle plus. Mon cerveau paralysé de douleur ne fonctionnait plus que pour sa propre vie, l'essentiel, affolé, perdu. La douleur a des degrés d'intensité insoutenable que les mots n'atteignent pas, même très précis. Lentement, comme une esclave, j'ai fait les bagages. Mes larmes sont tombées sur mes mains, j'en eus le visage inondé. L'homme, sur le seuil, assistait au massacre d'un espoir et devait souffrir aussi. Les enfants, perdus, silencieux – pour eux j'ai eu si mal! – tournaient dans la chambre, ramassant ce que j'oubliais. Je marmonnais des mots vides de sens. J'étais malade, dégoûtée, finie et j'aimais mes enfants avec l'amour coupable et dur d'une mère qui n'en valait pas le coup. Ma fille me posait des questions avec cet air d'enfant étonné qui ne comprend pas l'attitude des grands. Je lui ai dit qu'on nous renvoyait tout simplement de la Suède.

Le chemin du camp au terminal est court. Je n'eus même pas la force physique de relever la tête pour dire adieu aux bonnes personnes que nous avions connues durant ces vingt-quatre heures. Au port, je trouvai Nadir qui fumait, le visage livide. Un énorme bateau amarré et déjà plein de voyageurs ne semblait attendre que les enfants et moi. Il y régnait une lugubre atmosphère. J'eus l'impression qu'on nous embarquait dans une galère. Je revois des policiers et des hommes en civil. Je revois l'homme qui était venu nous chercher. Il devait avoir un cœur différent de ceux des autres, j'en suis certaine.

Il participait à cette scène hallucinante, douloureusement, les yeux rivés sur nous, comme pour nous signifier qu'il n'y était pour rien. Son message était clair et je le captais, définitivement. C'était un être humain, le seul, l'unique d'entre tous. Tous les autres étaient des loups. J'enregistrais prodigieusement vite, comme une caméra automatique, le cerveau alerte. Il y avait les policiers avec leur large face satisfaite du beau boulot qu'ils avaient accompli. Je les revois se dandinant et détournant la tête quand leurs regards croisaient le mien qui devait signifier mon mépris distillé à l'état pur. Dans une fureur contenue, j'en voulus à mort à Nadir d'avoir capitulé, signé notre défaite.

« Pourquoi n'as-tu pas résisté, pourquoi n'as-tu pas défendu notre cause? demandai-je en croate, à voix basse.
— La décision est ministérielle et sans appel, me dit-il dans un souffle. Nous n'avons aucune chance d'obtenir le droit d'asile. Aucune. Nous sommes arrivés trop tard. Ils n'accueillent plus personne depuis la fin du mois de mai. »

Il me semblait responsable de cette décision. Dans ma tête, il y avait le mot *lutter* en majuscules. Il y en avait d'autres, comme aller de l'avant, convaincre, expliquer.

Et tous ces mots étaient positifs et ouverts. Ouverts sur de l'espoir. Sur des solutions, des chemins, de la lumière. Je n'avais pas prévu de place pour un vocabulaire douteux, négatif, parce que dans ma stupide candeur j'imaginais les hommes différents au-delà des frontières de mon pays, des démarcations des régimes totalitaires. Il ne m'était pas venu un instant à l'idée que l'on pouvait nous renvoyer sans nous demander d'abord quelle force et quelle foi nous avaient poussés à croire au miracle. Au moins ça.

Durant tout ce sinistre cérémonial, alors que le monsieur au regard triste nous remettait des billets pour retourner d'où nous étions venus, j'observais attentivement les visages : il y avait ceux qui étaient heureux, soulagés d'avoir bien exécuté leur besogne, les flics. Il y en avait un autre, jaunâtre, haineux, acide, osseux, celui d'une femme polonaise travaillant sur le bateau.

Elle arracha violemment un billet de transport supplémentaire que le monsieur voulut nous rajouter, pour plus de sécurité. Elle marmonna en polonais qu'elle se moquait bien de ce qui pouvait nous arriver et nous le comprîmes aisément à l'expression impitoyable de son visage déformé. Souvenirs indélébiles, flashes rapides classés dans mon cerveau incrédule que rien ne pouvait plus surprendre désormais. L'homme nous regarda intensément, encore une dernière fois, et je lui souris tristement en guise d'adieu. Le bateau commença à bouger et ce fut la fin de tout espoir. La Suède se détachait lentement de la carte de ma vie, comme se détache lentement du cerveau une idée très forte, un très fort désir. Jusqu'au bout, jusqu'à la fin, je n'avais pas cru *cela* possible.

Dans le bateau, refoulés, nous louâmes une minuscule chambre afin que les enfants puissent dormir; nous n'avions pas assez d'argent pour nous permettre plus. Nadir n'a pas dormi de la nuit. Il avait besoin de parler, de sortir tout le poison de son cœur et je le comprenais. Quant à moi, j'ai pu m'étendre auprès de ma fille et j'ai déliré toute la nuit. De violents cauchemars déchiraient des moments de sommeil et je me réveillais en sueur, divaguant, ne sachant plus où j'étais. Le bateau qui tanguait me faisait peur. J'avais l'impression qu'on allait échouer quelque part sur un rivage totalement inhospitalier et y mourir.

Le mercredi 4 août 1993

Le petit jour se lève sur une situation que je n'arrive pas encore à assimiler.

Après le passage à la douane, nous prîmes le train pour traverser la Pologne en sens inverse et aller à la dérive. Nadir a encore trouvé quelqu'un avec qui discuter.

Cet homme avait quitté la Suède après avoir obtenu une première réponse négative à sa demande d'asile. Il était accompagné de sa femme et de ses trois enfants.

Désorienté, indécis et vagabond, il racontait des bribes d'histoires saugrenues que je jugeais illogiques et déraisonnables. Il voulait partir à l'aventure, frauder, payer un passeur et entrer en Allemagne où il espérait que son frère l'accueillerait. Puis il changeait soudain d'avis et optait pour la Grèce... Intarissable, les yeux brillants tels ceux d'un illuminé, il emplissait l'atmosphère de ses divagations. Il racontait qu'il avait économisé de l'argent, beaucoup même, qu'il était bosniaque et macédonien. Il devait être à moitié fou de mener une vie de nomade. Cependant, j'en avais marre de l'entendre parler et de voir mon mari accroché à ses balivernes. Nadir, lui, l'écoutait sérieusement, hochait la tête, posait des questions. Moi, j'étais au bas de la dépression. Jamais je n'aurais cru pouvoir me sentir aussi morte, aussi vide qu'en cet instant, où l'avenir s'était soudain arrêté à la limite de notre désespoir dans un train qui nous ébranlait vers une frontière de refoulés, de non-désirés. Dois-je, comme tant de fois, remonter encore cette pente, mille fois dégringolée? Dois-je me suicider et laisser derrière moi Dan et Amira avec un père perdu?

Dois-je enfin me fracasser le crâne contre la vitre épaisse de ce train monotone!

Dois-je dire à maman : « *J'ai honte de t'écrire, car je ne peux te dire que tout va mal!* »

« *Papa, Papa, je ne peux te causer plus grande peine maintenant que tu es si vieux. Je dois me taire, absolument.* »

Le train s'arrêta. Les Bosniaques – Macédoniens descendirent. Alors, Nadir proposa qu'on aille tenter notre chance auprès des Allemands. Une simple loterie.

Nous n'avions plus de projets à suivre, plus de précautions à prendre, plus rien à perdre. Nous n'avions plus la force d'analyser ni de réfléchir logiquement à d'autres solutions.

Je fus contre l'idée, rétorquant que l'Allemagne avait largement son lot de réfugiés et que ses lois n'étaient pas plus clémentes que celles de la Suède. Toutefois, mon veto ne fut pas pris en considération, c'était Nadir qui était aux commandes et non moi.

Nous continuâmes notre voyage dans le même train durant une vingtaine de minutes, puis nous prîmes un autocar qui nous déposa au village polonais, à la frontière allemande. Nous marchâmes deux à trois kilomètres, le long d'une interminable autoroute où filaient, en sifflant, des véhicules dont aucun ne s'arrêta pour nous proposer une quelconque aide.

Anonymes bohémiens, nous faisions partie du paysage d'un pays étranger aux yeux de milliers de touristes qui traversaient allègrement l'Europe. Nos enfants peinaient, faisant de leur mieux pour nous aider. Nous ne parlions plus. Le soleil nous accablait de sa chaleur et le peu d'énergie que le désespoir avait épargné en nous nous permettait de cheminer encore vers d'autres démarcations, d'autres terres. C'est au travers de ces situations-là, à des milliers de kilomètres des grands-parents qui adoraient nos enfants, à des milliers de kilomètres de nos deux pays respectifs dont aucun n'offrait la sécurité à notre famille, dans ces moments-là où nous sommes seuls, que nous apprenons à mieux nous connaître et à connaître les autres hommes.

Arrivés aux postes de la frontière, les Polonais nous regardèrent silencieusement traverser leur territoire afin de tenter notre chance de l'autre côté. Ils devaient en avoir l'habitude. Les contrôleurs allemands nous invitèrent rapidement dans un bureau, nous interrogèrent agressivement sur le motif de notre visite inattendue, parcoururent nos reliques de passeports, nous grondèrent de manière militaire et nous expliquèrent clairement que nous n'avions rien à faire en Allemagne. Nous étions malmenés comme des chiens. Un moment, un bref instant fragile, j'eus peur de ces grands hommes en colère. Ils prirent soin de nous photographier de face et de profil, nous firent signer des formulaires que nous eûmes à peine le temps de parcourir du regard, pure formalité, puis nous dirent d'aller demander asile chez leurs voisins. Tout ce sinistre cérémonial n'avait pas duré plus d'une demi-heure, mais j'avais hâte de reprendre notre vagabondage, effrayée de l'accueil brutal des Allemands. Nous sommes sortis, je me souviens, brisés encore une fois, d'épuisement, de faim et de découragement, mais nous sourîmes tristement à cet horizon si beau qui virait tout doucement aux couleurs tendres du soir aoûtien.

J'eus une drôle de pensée.

Même cet horizon, pensais-je, ne nous appartenait pas. Nous n'avions pas droit de sa beauté. Baisser les yeux. Ç'eût été du vol. Nous avions perdu le statut de citoyens, nous foulions des terres interdites. Nous n'avions plus de pays. Nous pouvions nous imaginer disparus de la surface du globe sans que personne le soupçonne un seul instant. Ballottés d'un pays à l'autre, d'une frontière à l'autre, nous reprîmes nos ballots et nos enfants; nous sommes restés encore des êtres humains et, cette fois, je n'ai pas eu de larmes.

Tout était trop fatigué, trop usé dans mon cœur. Autant le voyage aller était une joie, un espoir, une aventure presque, autant ce retour était morne, douloureux et long. Être un errant, un apatride et, de surcroît, un être démuni, sans argent, un argent perdu pour atteindre un pays qui avait fermé il y a des mois ses portes aux demandeurs d'asile est inimaginable. Nous étions des errants, des apatrides, des vagabonds, les mains recroquevillées sur les derniers biens que nous possédions, quelques vêtements et nos papiers. Nous avions parié gros et nous avions perdu.

Le seul, l'unique bien qu'il nous restait demeurait notre raison, celle avec laquelle il fallait composer pour ne pas mourir quelque part en Europe. Alors, grâce au peu de courage qui subsistait en nous, grâce à cette force ultime qui donne à l'être épuisé un sens à son filet d'espoir, nous étudiâmes les chances qu'il nous restait. Nous fîmes une halte et nous nous assîmes sur le rebord du trottoir de ce village dont nous ignorions le nom. Il nous fallait décider quelque chose rapidement, car la nuit allait tomber et nous n'avions ni amis, ni refuge, ni argent pour nous permettre une chambre, même dans le plus misérable des hôtels. Nous n'avions que des billets de train et un peu d'argent pour nous nourrir.

« Écoute, Nadia, me dit Nadir, nous allons de ce pas tenter d'aller à Vienne. Là-bas, paraît-il, on ne refuse pas d'aider ceux qui fuient la guerre de la Yougoslavie. Du moins, provisoirement, jusqu'à ce qu'elle cesse. Il y a aussi autre chose. Si nous ne pouvons rester en Autriche, nous tenterons d'émigrer vers un autre pays. N'importe lequel. Tu sais, depuis de nombreuses années, tous ceux qui désirent émigrer en Australie, aux États-Unis ou au Canada transitent invariablement par l'Autriche où se trouvent tous les bureaux d'immigration. Alors, ils attendent l'obtention de leur visa un an ou deux. Entre-temps, ils travaillent, ils économisent de l'argent puis ils prennent le bateau. »

Et il s'anima, soudain optimiste, puisant de l'énergie dans

cet espoir fou, démesuré, auquel je n'avais le choix que de croire aussi intensément que lui.

« Tu verras, nous y parviendrons », me dit-il avec cette voix rauque, fiévreuse, qui n'avait pas connu le sommeil depuis des jours.

J'avais physiquement besoin de son assurance, de sa force, de sa foi. J'avais besoin de le croire et de marcher dans son sillon, car j'étais vidée. Nous prîmes un taxi pour la gare. Nous devions retourner à Prague en République Tchèque par la ville de Poznan afin de rentrer en Autriche.

Le vendredi 6 août 1993

Nous voilà dans le train en direction de Prague. C'est la nuit. Nous sommes épuisés et nous n'avons pratiquement rien mangé de la journée. Nous avons un seul désir : filer au plus vite de ces pays où nous ne possédons aucun repère. Nous parlons très peu, par instinct. Les enfants cherchent un endroit où blottir leurs corps endoloris de marche et de soleil. Eux aussi ont perdu de cette vivacité heureuse qui jaillissait de l'espoir d'arriver quelque part. Les paysages défilent, inconsistants sous nos regards abrutis par la fatigue. Cependant, il nous faut rester alertes, car dans quelques heures nous transiterons dans le train même.

Bientôt, les douaniers tchèques se présentent et consultent nos passeports. Nous dévisageant suspicieusement l'un après l'autre, ils arrêtent leurs regards froids de professionnels sur l'intruse que je suis. Mon mari et mes enfants, étant croates, n'ont nullement besoin de visa et peuvent donc entrer en territoire tchèque, mais moi, « *l'Algérienne* », je dois en posséder un et valable. Le seul visa, difficilement obtenu à Alger, avait été déjà utilisé pour traverser ce pays en vingt-quatre heures. Nous essayons d'expliquer aux douaniers nos difficultés, notre refoulement puis notre désir de rebrousser chemin vers l'Autriche où, légalement, j'ai le droit de séjourner. Nous oublions totalement que nous nous adressons à des autorités, des étrangers; nous tentons d'obtenir ce que la loi interdit, mais que l'homme peut décider de son propre chef s'il le juge bon. Nous mendions la compréhension, la confiance, ces valeurs qui n'entrent pas en ligne de compte au passage des frontières, pas même pour une famille en danger de mort! Blindés contre l'émotion, impassibles, pressés, les hommes restèrent inflexibles jusqu'au bout. Ils nous obligèrent à descendre, sous leurs yeux, de ce train qui n'allait démarrer que sous leurs ordres, alors que nos enfants endormis ne réalisèrent même pas cette fracture dans le parcours. Ils nous laissèrent, perdus sur le quai désert d'une petite ville polonaise dont je ne me rappelle plus le nom, au cœur de la nuit. Décidément, nous n'allions pas quitter la Pologne si facilement! Alors, les enfants se sont étendus sur les bancs durs de la grande gare lugubre et ont continué leur sommeil de jeunes gitans.

Compatissants, les douaniers polonais tentèrent alors de leur propre chef de discuter avec leurs collègues de l'autre côté. Les Tchèques ne cédèrent pas; pire, ils nous enjoignirent d'aller à Varsovie, à cinq cents kilomètres de l'endroit où nous nous trouvions, pour quémander un visa de transit, en fin de semaine!

Lentement, le jour s'est levé, comme dans un cauchemar. Nous étions exténués. Nous avions froid et faim. Mais il nous fallait continuer notre chemin. Alors nous essayâmes une fois de plus de convaincre les Tchèques de nous octroyer un laissez-passer express, un tampon magique, un aller simple de quelques heures, le temps pour le train de franchir leur pays, mais ce fut leur demander la lune. Nous ne comprenions pas le danger que nous leur faisions courir. Nous ne comprenions pas leur impassibilité, peut-être parce que nous ressemblions à de misérables vagabonds en quête d'un refuge et que leur pays pouvait en être la cible. Pourtant, s'ils avaient pris la peine de bien examiner mon passeport, ils y auraient vu un beau visa autrichien bien plus généreux en durée et en nombre de sorties et d'entrées, de surcroît valide pour trois mois. Cette bouée de sauvetage au beau milieu de notre naufrage en Europe valait son poids d'or et c'était sur cela que nous tablions pour notre avenir immédiat! Nous n'aurions pour rien au monde troqué Vienne pour Prague! Mais têtus, hostiles, fermés, sourds et aveugles, ils regardaient à travers nous comme si nous étions transparents.

Finalement, nos petits se sont réveillés, les yeux rouges et les cheveux en bataille. Ils se sont lavés et nous nous sommes hasardés dans les dédales charmants de ce curieux petit village où personne ne pouvait nous indiquer un endroit où nous restaurer. De retour à la gare, nous avons à nouveau parlé à un officier polonais déjà au courant de notre affaire.

Il téléphona à un autre poste de frontière, puis nous conseilla de nous y présenter. Là, les autorités tchèques nous accorderaient, éventuellement, un visa de transit sur place. Encore des billets à acheter, des trains à prendre pour une énième destination. Nous y sommes arrivés et le passage me fut à nouveau interdit. Les miens pouvaient passer, mais moi, je devais aller me procurer un visa à Varsovie ou crever. Mon mari se mit enfin à expliquer aux douaniers que nous étions une famille, que j'étais sa femme et que nous n'avions pas l'intention de nous séparer en cours de chemin ni séjourner dans leur pays. Peine perdue. Butés, insensibles, ils prenaient plaisir à hocher la tête négativement.

Le spectacle incessant des personnes qui traversaient tranquillement cette ligne invisible avec leurs corbeilles de victuailles, leurs bicyclettes, et chez qui l'appréhension de la démarcation interdite n'effleurait même pas l'esprit parce qu'ils étaient libres et dans leur bon droit, me démolit totalement le moral.

Assise sur le rebord du trottoir, affaiblie par le voyage, la fatigue et l'incompréhension des hommes, j'ai pleuré tant que j'ai pu. Les larmes ne valent plus grand-chose de nos jours.

À présent, je comprends comment l'horreur peut arriver. À présent, je comprends comment l'homme peut contribuer au massacre de la race humaine sans que ses mains se salissent de sang, sans que ses yeux aient vu la scène des enfants égorgés, sans qu'il ait vu des femmes violées, éventrées, des hommes souillés, avilis, rejetés, vides et transformés en loque. À présent, je peux parfaitement comprendre comment des milliers d'hommes peuvent contribuer à l'extinction du souffle humain sur la terre, du souffle le plus noble, du plus intelligent, du meilleur qu'Allah ait créé sur terre. À présent, je peux dire adieu aux beaux principes dont on nous a toujours endormis. Je peux, j'ai le droit de juger que l'homme doit beaucoup faire pour se rehausser au degré que Dieu lui a assigné. Le silence et l'indifférence, frères jumeaux, sont le crime de la majeure partie de l'humanité qui sait et reste amorphe, qui sait que son prochain souffre, meurt, l'appelle, et qui reste sourde. Pire, elle vit. Il n'existe pas d'hommes innocents sur terre, car il y a trop de guerres pour cela. Trop d'injustice, trop de crimes, trop de négligence, trop d'oubli.

Il y a indéniablement des hommes et des femmes intègres, nobles, humains, qui œuvrent inlassablement pour remédier aux atrocités commises par tant d'autres, quand ils en ont le droit, le pouvoir, la marge de manœuvre, mais est-il donc juste de remédier aux crimes qui souvent demeurent impunis? Je ne peux plus parler. Je ne comprends plus. Je suis au bout opposé du tunnel et j'ai perdu l'estime de moi-même.

Le jour a lentement viré au doux crépuscule aoûtien. Tout aurait été si beau dans cette limpide atmosphère ambrée que la brise dérangeait à peine. Sans notre déambulation, sans nos paquets affaissés à nos pieds et notre destin déboussolé, ce soir-là aurait été un de ces instants de vacances, à l'instar de ceux vécus, il y a bien des années, sur l'île Krk, splendide paradis adriatique.

Aux postes de la frontière routière, nous sommes restés une éternité à essayer de négocier avec les agents afin d'obtenir ce visa magique. Peine perdue. Non seulement ils refusèrent de nous l'accorder, ils turent l'adresse de leur consulat qui se trouvait à Katowica, à deux cent cinquante kilomètres du village! Ce furent les douaniers polonais qui, écœurés de tant d'inhumanité, nous procurèrent son adresse.

Néanmoins, le calvaire ne finissait pas encore. La nuit

tombant, nous comptâmes encore l'argent qu'il nous restait et retournâmes à la gare pour partir à Katowica. La préposée nous expliqua que nous devions changer de train à mi-chemin, une correspondance en somme.

Train sur train. Nos enfants dorment aux pieds des voyageurs agglutinés dans les étroits couloirs. Nous, debout, déjà à demi hallucinés, et les mots, flasques, fatigués et déformés ne servent plus à consoler. Les gens s'accrochent aux fenêtres par manque de place. Des jeunes hommes sont avachis sur leurs ballots, voyageurs anonymes, tels des fantômes dont on voit vaguement le contour dans les coins.

Mes jambes tremblent. Mon cerveau est arrêté quelque part sur un temps passé et figé, sans question et sans révolte, tout simplement à regarder les événements prendre ma vie. Nadir a les joues creuses, le regard hagard dans sa force de croire qu'au bout de l'enfer, il y a peut-être un repos final. L'illogique réalité dans sa plus belle froideur. Il y a longtemps déjà que nous ne parlons plus. Nous ne discutons plus. Il n'y a plus rien à dire. Instinctivement, nous épargnons le peu d'énergie qui nous anime pour nous déplacer d'un pays à l'autre tels des extraterrestres indésirables.

La nuit se conjugue à la vitesse pour faire du voyage quelque chose d'épique, de mordant, d'angoissant et de triste que je n'oublierai jamais, même dans ma plus profonde vieillesse.

Nous descendîmes du train, trébuchant d'épuisement dans la nuit chaude, et nous en reprîmes un autre, jusqu'à la naissance du petit jour. Mes yeux irrités me piquaient. Manque de sommeil. Nous arrivâmes enfin dans une belle gare polonaise grouillante de monde. C'était la ville de Katowica. Titubant, les enfants s'étendirent immédiatement sur les bancs, s'alimentant de ce sommeil salvateur qui leur permettait de compenser le manque de nourriture et d'économiser leurs forces. Amira souffre d'énormes piqûres d'insectes. Ses yeux sont rouges de fatigue.

Le café polonais est odieux, mais il faut le boire pour éviter la migraine et tenir debout.

Je n'ai nulle part évoqué d'hôtel ou d'auberge. Ce n'est pas par oubli. Depuis notre retour de Suède, le quatre août, nous passons nos jours et nos nuits à faire trois choses : prendre des trains pour rejoindre des villes, finir une moitié de nuit en gare puis courir le jour, sans un regard touriste ou reposé, afin de quémander un droit de passage! Juste le droit d'entrer dans un pays en transit pour pouvoir en ressortir et en rejoindre un autre!

Peu à peu, nous voyons tristement nos enfants se transformer en petits bohémiens, commençant graduellement à s'adapter à cette vie nomade entre le départ d'un train et l'arrivée d'un autre, entre la multitude des gares de l'Europe, des plus mornes aux plus fastueuses, avalant des sandwichs secs et peu appétissants. Croates ou Algériens, quelle est la différence, nous disions-nous, nous sommes indésirables partout.

Le samedi 7 août 1993

Dès que le soleil fut assez haut, vers huit heures, nous nous mîmes à la recherche du consulat tchèque. Heureusement, celui-ci se trouvait non loin de la gare. Arrivés, nous trouvâmes la porte fermée. Nous sonnâmes désespérément. Puis, nous nous assîmes sur le trottoir face à la bâtisse, attendant que quelqu'un se manifeste. Il nous restait exactement mille zlotys, vingt dollars américains et nos billets de train pour Vienne. Enfin, nous vîmes un vieil homme accompagné de son chien s'arrêter près du portail. Nous le rejoignîmes aussitôt. Celui-ci nous informa que le visa me coûterait quarante dollars américains. C'était une somme exorbitante pour un simple visa de transit. Nous n'avions pas cet argent.

Un moment plus tard, deux jeunes gens arrivèrent. Ils avaient également besoin d'un visa pour entrer en Autriche et continuer leur randonnée à travers l'Europe. Nous leur fîmes signe et discutâmes un peu avec eux.

Le jeune homme devait avoir vingt-cinq ans, au plus. Il avait un beau visage souriant et sympathique : c'était un Anglais. La jeune fille qui l'accompagnait était également jeune et belle, une Canadienne. Un beau couple d'étudiants. Ils furent franchement scandalisés du coût élevé du visa tchèque pour les Canadiens. Celui-ci coûtait quatre-vingt-dix dollars américains!

Cependant, eux avaient d'autres possibilités et ne voulaient pas débourser cette somme-là. Pendant que nous conversions, un homme d'un certain âge est arrivé dans une belle voiture. Il semblait avoir besoin du même visa, mais le prix le fit se raviser aussitôt. Il préféra changer d'itinéraire. Ils en avaient la possibilité, constatai-je tristement. Seule notre famille – seule moi, l'Algérienne, j'étais infirme, diminuée, là, devant un consulat qui ne donnait de visa ni gratis ni à moitié prix. Il était à peine neuf heures du matin, mais je me sentais déjà éreintée, au bout du rouleau.

Lentement, comme dans mes rares moments de découragement, je me suis éloignée du groupe et me suis assise à nouveau sur le trottoir. J'avais besoin de me relâcher, de m'abandonner. J'ai pris mes deux enfants contre moi et, les serrant très fort contre mon corps, je leur ai demandé de prier très fort Allah de nous venir en aide.

Alors, le miracle de Dieu opéra.

J'ai touché mes petites boucles d'oreilles et pensé à ma fine chaîne en or, seuls biens que je portais sur moi. J'ai appelé Nadir et lui ai proposé de la vendre pour vingt dollars au couple. J'avais honte de cet acte. Il me semblait que c'était une façon de mendier. Le jeune Anglais tira prestement un billet de sa poche et le tendit à mon mari tandis que la jeune fille, je l'entends encore maintenant, lui dit que je pouvais garder mon bijou.

À cet instant, il me semblait voir s'ouvrir les portes du ciel et je me dis que ce qui nous arrivait relevait du miracle. Je serrai précieusement ma chaîne, ce lien qui me rappelait ma vie antérieure et ce qu'il en restait, et regardai avec reconnaissance le beau couple qui me souriait.

À son tour, l'étranger à la belle voiture fourra sa main dans sa poche et en retira un billet de cent marks allemands qu'il remit à Nadir. Nous étions gênés, très heureux, confus, et nous les remerciâmes plusieurs fois. Comme par enchantement, nos trois anges sont vite repartis en voiture tandis que nous pénétrions enfin dans le consulat afin d'y acquérir mon amer droit de passage.

Le train pour Vienne démarrait à vingt-trois heures trente-cinq minutes.

Nous achetâmes quelques provisions, prîmes une fois de plus ce mauvais café au goût amer de blé brûlé et patientâmes le reste de la journée dans la grande gare de Katowica. Il ne nous vint pas à l'idée, cette fois, d'aller faire un tour en ville, car nous étions dépouillés définitivement de l'illusion d'être des touristes d'occasion. Nous étions des voyageurs anonymes que la terre dans son infinie bonté supportait, à la différence des hommes, seuls dans nos coins, attendant de partir ailleurs où nous ne serions pas plus les bienvenus, sans doute, mais peut-être supportés le temps de repartir encore quelque part ailleurs, jusqu'à ce que Dieu ait pitié de nos âmes.

Dans notre compartiment, après le passage des douaniers polonais, plusieurs contrôleurs tchèques se succédèrent les uns après les autres, méfiants, secs, tels des militaires traquant des déserteurs, vérifiant mon passeport. Ils ne pouvaient s'imaginer l'ampleur de la peine, de la déception et de l'amertume que j'emportais en souvenir de leur pays. J'imprimais dans ma mémoire et pour longtemps le souffle chaud, nauséabond des trains vieux, rébarbatifs, monotones, bondés et lents. J'emportais l'indifférence calquée sur la mauvaise foi et la cruauté gratuite des gardiens des frontières, eux qui sont supposés comprendre plus que d'autres ce qui pousse l'homme, dans son infini désespoir, à tout larguer et à courir le risque de s'exiler sur un sol étranger. Aucune belle ou même mélancolique impression de ce pays, sinon celle de la méfiance, de l'incompréhension et de l'intolérance de ces hommes rencontrés au hasard de notre déambulation.

Le dimanche 8 août 1993

Nous arrivons en terre autrichienne, à l'aube d'un beau jour tout rose, exténués. Nous sommes pris de vertige, sensation qui naît de l'épuisement du corps et de l'esprit. La gare spacieuse, aguichante, aérée, nous promet un repos provisoire. Tandis que Nadir est allé se renseigner quelque part, nous restons regroupés auprès des bagages. Les enfants ont déjà faim et tournent autour de moi, tels des lionceaux impatients. Entre-temps, Nadir a rencontré un couple qui lui conseille d'aller demander de l'aide au bureau de la Croix-Rouge.

Jamais je n'oublierai l'image de notre famille sur ce mètre carré de la terre autrichienne, serrée à l'instar de tous les réfugiés du monde. Jamais je n'oublierai ce curieux étourdissement nauséeux provoqué à la fois par la faim, la peur, l'insécurité et la fatigue.

Notre monde était clos, totalement étranger à la foule pressée des estivants qui alimentait le flux incessant des voyageurs. Malgré mon isolement, je trouvai beau le spectacle des autres, heureux, pressés, créant avec spontanéité cet air de vacances. Carrefour de joies, mais carrefour des angoisses inconnues venues de ces pays limitrophes que les guerres et la misère ont décimés.

Dormir. Dormir devenait un besoin vital, au-delà du besoin de se nourrir. Cependant, Nadir nous défendait de nous asseoir. Assis, la tentation de s'étendre sur les bancs était vertigineuse et les policiers n'étaient pas loin.

« Ne laisse pas les enfants s'endormir, nous allons nous faire remarquer par la police, me répétait-il constamment en revenant nous voir de temps à autre. Nous devons absolument déguerpir d'ici au plus vite... »

Nous sommes donc allés à ce bureau, situé au rez-de-chaussée de cette même gare du Sud, un petit réduit où ne pouvaient tenir guère plus de cinq personnes.

L'homme parlait anglais. Il jeta un simple regard professionnel sur nos visages et sur nos bagages. Puis, il nous écouta patiemment plaider notre cause comme s'il était le juge qui allait enfin trancher en notre faveur. Il fut clair et direct. Étant donné que nous avions vagabondé à travers la moitié de l'Europe sans avoir pu trouver asile quelque part, nous n'avions, par conséquent, aucune chance de réussir à nous établir en Autriche. En outre, les lois concernant le droit d'asile venaient juste de se durcir, plus exactement fin juillet 1993. Même notre histoire de couple mixte issu de deux pays en guerre ne pouvait émouvoir personne. Par la suite, nous eûmes l'occasion de comprendre l'étendue de la détresse humaine dans ses dimensions les plus effarantes.

L'homme prit le téléphone et parla quelques minutes en allemand.

« Voilà, nous dit-il, tout ce que je peux faire pour vous, c'est vous donner cette adresse. Allez-y. Reposez-vous. Ce n'est qu'un dépannage d'urgence pour une seule nuit. Par ailleurs, vous pouvez toujours vous présenter à la direction de Caritas. S'il y a une organisation qui peut vous aider, c'est bien celle-là. »

Il nous remit quelques numéros de téléphone et nous souhaita bonne chance, le regard triste.

Dès lors, le huit août 1993 marquera le début de notre séjour sur la terre autrichienne. Serrant cette précieuse adresse, unique chemin vers un repos provisoire, nous sortîmes dans la splendeur d'une belle ville qui brillait sous un radieux soleil de vingt-huit degrés.

À partir de ce jour-là, nos corps seront quelque temps endoloris et nous ressentirons lentement les effets de ces courses ininterrompues, de ces peurs accumulées, étouffées, de ces passages éphémères dans des villes traversées sans plaisir, juste pour réaliser un rêve démesuré, un rêve évanoui, effiloché, détruit. Quelque chose d'irrémédiablement fou, traumatisant, au-delà des termes humains nous était arrivé. Les portes du néant, celui qui ne contient rien et avale tout en son sein, s'étaient ouvertes sur notre passage et, désorientés, nous avions emprunté le chemin du purgatoire.

Infinie.

La douleur, silencieuse, tombe à terre, lambeau inerte, et personne ne la perçoit. Elle s'effrite et rejoint les souffrances antérieures que le temps enveloppe dans son linceul. Rien à faire, il faut continuer. Continuer tant que la machine tourne.

Il faisait si beau. Mais ce n'était ni chez nous ni pour nous.

Dieu qu'il faisait pourtant clair, limpide dans ces ruelles sorties d'un songe.

À mon sens, rien n'était réel. Nous n'étions qu'un rêve à l'intérieur d'un autre tout aussi impalpable. Il était clair que, sous cet angle, tout pouvait être facilement vécu. Un rêve dure le temps de la vie d'un papillon, et s'évapore au moindre souffle. Nous avions l'infini pouvoir de l'interrompre. D'en sortir indemnes. Allons, nous ne faisons guère que glisser en parallèle comme par magie, le long de ces dédales inconnus qui nous offrent de curieuses surprises. Nous pourrions cesser le jeu, faire autre chose, refuser de continuer... il suffit d'un geste conscient pour se mettre debout et tout rompre... Quelle est la démarcation qui sépare la réalité du rêve? Sous cette perspective, il n'était pas douloureux d'être perdu et déambulant. L'esprit ouvre des passages de fuite inimaginables. Dix ans plus tard, nous nous réveillerons de ce songe et le tout ne sera que souvenirs sur mémoire altérée.

J'occultais. J'occultais dangereusement.

Nous voilà à l'hôtel des itinérants situé près de la gare de l'Ouest. La chambre, toute blanche, très propre, compte quatre lits superposés et une douche. Un vrai palais. Une jeune fille nous accueille et nous explique la nature de leur aide. Nous déposons nos ballots et nous allons nous reposer quelques heures.

Nadir prie l'employée de lui procurer des numéros de téléphone de diverses associations de réfugiés, bosniaques, musulmanes ou autres, de mosquées ou de tout organisme humanitaire pouvant nous venir en aide. Puis nous ressortons dans la même après-midi.

Je n'en peux plus. Mes jambes sont enflées, je suis à bout mais l'instinct de survie me pousse à déambuler dans les dédales inconnus des ruelles où l'on s'engage à la recherche des adresses. Quelquefois, le souffle court, je m'adosse à un mur, écoutant pulser la fièvre dans mes veines. Je suis à la lisière de l'épuisement. Résumé condensé, succinct, de ce qui subsiste en moi de réserves. Alors, je fais appel à la volonté qui jaillit directement des hautes sphères de l'esprit, à l'instant où celui-ci se détache du corps avachi et fonctionne en mode libre. À ce stade-là, le corps et l'esprit divorcent. Les muscles continuent leur fonctionnement, courageusement, comme un cheval au devoir, automates, dociles esclaves, jusqu'au bout de la dernière goutte d'énergie. L'esprit, indépendant, résolu, commande de loin, par pulsions, mû par la révolte de la fin imminente. Il ne connaît pas le sens de la limite. La mort n'est pas son adversaire mortel. L'éternité ne l'effraie pas. Dans les rues de Vienne, je me regardais marcher avec étonnement. Je me traînais sur des pieds flasques, les yeux fixés dans le vide. Je ne pensais plus, les gestes économes, concentrés sur l'essentiel à faire. La survie organisait les choses à notre insu. Nous étions l'orchestre muet dans sa perfection ultime. Silencieux, légers, invisibles.

À destination, nous nous reposions quelques minutes au seuil des sous-sols obscurs. Nous posions les questions nécessaires et repartions plus loin. Nous ne mendiions pas. Ç'eût été plus facile, bien entendu de nous larguer moyennant quelque monnaie. Non.

Il nous fallait un coin, un refuge, où abriter nos vies vagabondes, noyer nos identités fragmentées, un abri parmi les errants, nos proches, nos semblables, profiter de leur chaleur réconfortante, de leur solidarité dans la souffrance... mais ce n'était pas possible. Les temps étaient durs. Très durs, au point que l'on baissait les yeux de honte et d'impuissance. Mais on comprenait ces regards qui s'excusaient.

Nous comprenions. Cette faculté est décuplée chez le démuni. Il est plus proche du saint parce que son âme fait l'épreuve tangible de l'étendue incommensurable de la douleur. Puis, lentement, la souffrance devient supportable et s'ajoute à la mémoire monumentale de l'expérience humaine. Nous hochions la tête et repartions sans rancune.

Qu'aurait-il fallu que nous fassions? De quel droit un mendiant peut-il s'insurger contre le bonheur des autres? Ce bonheur relatif, précaire, réduit à presque rien, d'être serré contre une multitude d'hommes ayant pour destin commun la chance d'être vus, écoutés, nourris le temps qu'une guerre fasse son sale boulot, valait pourtant son pesant d'or.

Comment nos enfants ont-ils pu supporter une telle épreuve? Je n'en sais rien.

Je sais seulement que les enfants sont plus courageux

qu'on ne le pense. Les nôtres se comportaient en héros tranquilles, silencieux, patients, flexibles, marchant à nos côtés sans révolte, confiants, se contentant du peu que le destin nous attribuait, nous épargnant plaintes et soucis. Je suis sûre que, s'ils n'avaient pas été là pour me nourrir de leur amour et me procurer le courage de continuer à me battre pour eux, j'aurais eu plus d'une raison de lâcher et de rebrousser chemin dans le néant. Je voulais absolument leur tracer un chemin vers un ailleurs où il ferait bon respirer le souffle vivant de la liberté d'être, de penser et d'agir. Je désirais pour eux un avenir ouvert, optimiste, serein dans un monde libre où la paix n'est pas juste un slogan vide de sens, écrit en graffiti rageur sur les murs des bas-fonds des villes où gronde la colère des démunis, mais une réalité palpable. Ailleurs, bien entendu, qu'en Croatie, leur pays natal, qui menaçait de se recroqueviller dangereusement sur lui-même, maladivement nourri d'un nationalisme désuet et stérile, et de mon pays qui chavirait dans le délire suicidaire de l'intolérance, de l'injustice et du chaos économique.

Cet après-midi-là, nous contactâmes toutes les associations dont nous détenions les adresses, mais sans succès. Elles étaient toutes saturées et il semblait qu'on était vraiment les derniers arrivés. Finalement, nous nous présentâmes à la porte de l'organisation humanitaire Caritas.

La salle de réception était bondée de nos semblables, toutes races confondues. Chacun tenait son ticket à la main, attendant fébrilement son entrevue. Ce bout de papier magique pouvait ouvrir des voies royales vers le royaume de Dieu. Là où celui qui n'entrevoit guère que la perspective d'un coin de banque où reposer ses os sur des morceaux de carton peut s'estimer heureux d'avoir un lit et un repas chaud, l'espace d'un répit. Quand Nadir se présenta au guichet, le préposé lui refusa le droit même au ticket. Dehors, il tombait une pluie fine, froide, et le ciel semblait plus bas qu'à l'accoutumée. Il pleuvait également dans nos cœurs.

Le lundi 9 août 1993

Mus par le réflexe de l'itinérant qui sait l'heure du départ, nous jaillissons de nos lits dès les premières lueurs du petit jour. Nadir se souvient du couple rencontré à la gare du Sud. L'homme lui avait remis le numéro de téléphone d'un avocat de Caritas. Sans plus hésiter, Nadir est allé l'appeler. Le miracle se produisit et sa secrétaire nous fixa un rendez-vous.

Tout en nous renseignant dans les rues, nous rencontrâmes deux jeunes Arabes qui ne connaissaient pas exactement le lieu de la mosquée que nous cherchions. Désireux de nous aider, ils téléphonèrent pour s'informer. Finalement, ils hélèrent un taxi, payèrent royalement le chauffeur, lui donnèrent l'adresse du lieu du culte et lui dirent :

« Conduisez-les jusqu'à la porte de la mosquée, s'il vous plaît. »

Puis, pour nous encourager, un des jeunes hommes nous souffla :

« N'oubliez jamais que Dieu existe et qu'il ne vous abandonnera pas. »

Le chauffeur fit le tour de la ville et remplit sa tâche avec honneur.

La mosquée où nous pénétrâmes appartenait à une association turque. Vaste, très belle, on y respirait une totale sérénité. Nous y fûmes reçus avec déférence. Un jeune homme vint nous offrir du bon thé chaud. L'imam m'écouta poliment lui raconter en langue arabe le récit de nos misères. Puis il me demanda si j'avais des frères, une famille qui pouvait m'aider. Devinant déjà l'issue de l'entrevue, je n'ai pas voulu entrer dans les détails compliqués de ma vie privée.

L'homme nous entretint longuement sur les difficultés de leur organisme en matière de finances et de logements. Il nous cita les chiffres effarants de réfugiés de divers pays musulmans, nous rappela les multiples guerres qui sévissaient un peu partout dans le monde. C'était pour nous rappeler que notre misère, quoique grande, était relative et même enviable, comparée à d'autres. Il était désolé de ne pouvoir nous aider. Fin de l'entretien. Forgée contre les surprises, je n'ai pas tiqué. Je n'avais pas suffisamment de force pour éprouver du désespoir, puisque je l'avais maintes fois dépassé. Quelque chose de flasque, d'inconsistant se détacha de moi. On aurait dit un lambeau de futile espoir. J'étais vidée et j'aspirais au repos. Afin de clore noblement notre entretien, l'imam détacha un billet de mille schillings d'une grosse liasse qu'un jeune homme venait juste de lui remettre en notre présence et nous conseilla d'aller voir une autre mosquée qui avait pour mandat d'accueillir des familles bosniaques.

Financé par des autorités de l'Arabie Saoudite, le superbe bâtiment est situé de l'autre côté du Danube. Un vrai monument architectural d'une grande beauté. L'homme qui nous reçut s'avéra être le concierge. Il nous conseilla de téléphoner afin de prendre rendez-vous avec le directeur. Toutefois, selon lui, nous n'avions aucune chance d'être admis.

Le lendemain, Nadir essuya un refus net au téléphone. Pas de place. En outre, je n'étais pas bosniaque, issue de Bosnie. Critère raide, tel un couperet. Nous ne satisfaisions pas aux critères. Un critère, ça ne se discute pas. Même s'il s'agit d'une femme anémique, d'enfants vagabonds, affamés, sans abri. Pourtant, être un pèlerin, un voyageur en route et demander asile est un critère par excellence dans l'esprit de l'Islam, mais Monsieur le Directeur n'en tint pas compte. Il n'eut pas le réflexe humain de demander à nous voir, de considérer la situation, ne serait-ce que par un simple acquit de conscience. Étonnamment, la mosquée semblait à nos yeux incrédules spacieuse et pouvant abriter des centaines de personnes. La mosquée n'est-elle pas, par définition, le foyer de Dieu? Dieu permet au passant de se réfugier sous son toit. Toutes celles de mon pays, je le sais, demeuraient ouvertes pour accueillir ceux qui cherchent refuge en son sein. Nous n'étions pas bosniaques, sans doute de simples opportunistes venus profiter de la clémence de Dieu. Encore une fois, l'affliction me frôla à peine. Nous eûmes aussi la confirmation que le monde est fait de toutes sortes d'êtres. La différence entre les individus n'est pas collective mais strictement individuelle. Certains vous regarderont avec les yeux du cœur et trouveront le moyen de vous aider à continuer votre chemin. Un geste, un renseignement, un encouragement, quelques sous. D'autres seront sourds et aveugles à votre souffrance et y verront un danger pour leur confort. Ils vous enverront au diable, vous écarteront de leur chemin et continueront le leur, sans le moindre scrupule.

Revenus bredouilles à l'hôtel des itinérants, nous demandons humblement la permission d'être logés une nuit de plus.

Le mardi 10 août 1993

C'est notre deuxième jour à Vienne. Nous devons nous présenter à notre entrevue avec l'avocat de Caritas. Craignant d'être en retard, nous prenons un taxi, car nous ignorons encore comment voyager par métro. Le chauffeur égyptien nous demande la somme impressionnante de cent vingt shillings pour la course. Affable, l'homme engage la conversation avec nous, en simple curieux. Ainsi, il apprend à son tour, par bribes, notre triste histoire. Nous déposant à Sechsschimmelgasse 21, il refuse absolument l'argent que nous lui tendons. Puis il offre à chacun des enfants un billet de cent shillings. Ensuite, il contourne sa voiture, en ouvre une portière, revient avec deux jolis toutous dans les mains et les tend gauchement aux petits, émerveillés.

« Je suis désolé pour vous, vraiment. Vraiment. Je vous souhaite bonne chance! »

Ses yeux en brillaient de larmes.

Nous sommes devant la bâtisse et nous attendons. Il est huit heures trente minutes. J'ai la crampe habituelle de la peur. Là-haut, nous sommes les premiers arrivants. Nadir déploiera tout son courage, sa patience et son énergie pour relater les détails de notre histoire. Je me sentais absolument incapable de narrer le moindre événement. Émotionnellement blessée, je mettais plus de temps à récupérer. S'il n'en avait tenu qu'à moi, à certains moments, j'aurais sans doute choisi qu'on me fusille. C'est un sentiment que doit éprouver l'homme qui ne désire plus lutter.

Tout simplement s'étendre, en finir. Alors, Nadir prenait instinctivement la relève pour nous quatre. L'avocat constitua un dossier, photocopia tous nos documents et entreprit de les étudier. Il fallait qu'il vérifie les faits avant de prendre sa décision. Mais nous avions, d'instinct, confiance en lui. Je n'oublierai jamais ce jour-là, cette salle-là à peine éclairée, ces instants-là, ni cet homme-là. Cette tournure de notre vie, là-bas sur le mètre carré viennois, restera longtemps intacte, conservée comme une page que le temps ne jaunira jamais.

Nous sommes, je me rappelle bien, dans cette antichambre en train d'essayer de calmer les enfants qui se disputent et rigolent; nous les prions de se taire, de respecter le silence des lieux. En vain. Puis je vois la main violente de leur père se lever, gifler mon fils dont le fou rire nous rend nerveux. Le temps passait lentement, tranquillement, glissant sur notre frayeur.

Alors, j'ai pensé à ma vie. J'ai eu le courage de me retourner sur le pan passé de ma vie où rien n'a été facile. Existe-t-il donc des êtres portés par leur nature vers les difficultés, les portes étroites ou est-ce le lot de tout mortel sur cette terre? Comment ne pas culpabiliser à mort, ne pas se mépriser d'en arriver, à l'âge mûr, à refaire sa vie pour la énième fois, ballottée et ballottant des innocents avec soi?

Est-ce un manque de bon jugement, d'intelligence ou le partage naturel de chacun? Évidemment, j'avais oublié toutes les difficultés vécues en Algérie. Mes vives douleurs névralgiques qui me hérissaient le cuir chevelu au moindre problème, mes luttes vaines dans les bureaux rébarbatifs des administrations publiques où la notion de droit est risible, mes démarches continuelles devant les tribunaux, les commissariats, les ministères, tout cela pour un minimum de droits, mes longues heures de travail, puis ma rage ultime de quitter enfin le pays... En finir. Tout abandonner. Couper les ponts. Définitivement, cette fois.

Je pense qu'il a fallu attendre longtemps. Je ne me souviens vraiment plus depuis combien d'heures nous étions là... Alors, la secrétaire de l'avocat vint parler à Nadir. Elle lui annonça qu'on POUVAIT nous aider quelque temps, à condition, bien entendu, que nous fassions toutes les démarches nécessaires pour nous en aller d'Autriche, car nous n'avions aucune chance de nous y établir. Ensuite, il leur faudrait téléphoner à toutes les pensions existant à Vienne pour nous trouver un endroit où nous loger et cela prendrait donc un certain temps.

Elle nous demanda de revenir le lendemain. Où allions-nous donc passer cette troisième nuit? Anxieux à l'idée d'être éconduits, nous les priâmes de téléphoner à l'hôtel des urgences afin que l'on supporte notre présence une dernière fois. Puis, nous sommes sortis dans la clarté limpide du jour, perdus. Nous avons acheté du pain et du fromage et sommes allés manger nos sandwichs dans un parc de la ville.

Bien entendu, tout était là : la paix, la beauté, l'été, les visages souriants et heureux des autres baignant dans la lumière translucide. Et nous sur ce banc-là, sous le feuillage doux des arbres. Bien entendu, nous étions bien là, vivants parmi les vivants, dans une splendide ville et non plus des fugitifs innocents peinant le long des autoroutes européennes, le corps éreinté, ruisselant de sueur. Plusieurs hommes de bonne volonté s'étaient relayés pour permettre notre sauvetage en une parfaite synchronisation que seul le Seigneur tout-puissant avait pu agencer... Cependant, je me sentais exclue, étrangère dans un monde qui ne m'appartenait pas, en dehors du décor, comme au bord d'une magnifique photo où ma présence aurait été saugrenue.

Avant de retourner à l'hôtel de Westbahnhof, nous devions nous rendre à l'ambassade d'Australie afin d'y déposer une demande d'immigration. Telles étaient les conditions de notre avocat. Il fallait les appliquer au pied de la lettre. Les critères d'admission à la résidence permanente en Australie étaient si exigeants que nous nous demandions si nous allions vraiment réussir à les satisfaire. Toutefois, nous prîmes les formulaires et tentâmes de bâtir un dossier aussi complet que possible, le plus rapidement possible.

Les jours qui suivirent, nous déposâmes un bon nombre de demandes de séjour permanent dans diverses ambassades. Viendra-t-il donc ce jour-là où, arrivés dans un pays qui nous accueillera de bon cœur, nous serons heureux et acceptés comme tous les autres? Il n'y a qu'ALLAH tout-puissant qui réalisera ce jour de bonheur.

Le mercredi 11 août 1993

Troisième jour déjà. Nous nous levons, dociles, soldats entraînés au devoir de survivre. Nous savons quoi faire, sans communiquer. Manger s'il y a lieu, c'est-à-dire, si on nous le propose, puis filer comme le restant des itinérants, dehors à la recherche d'une raison de vivre. Notre chance, nous la devons essentiellement au bloc compact que nous formons, famille visible, but unique, commun, survivre comme les quatre murs d'une bâtisse. Seule différence entre celui qui est responsable de son propre destin et de sa propre déambulation, notre destin tient compte du groupe. Nous ne pouvons décider n'importe quoi, nous insurger tout à coup et rompre les rangs pour déserter. Lui comme moi sommes tenus de marcher jusqu'au bout, de trouver le moyen de nous en sortir et surtout de ne faire courir aucun danger aux enfants. Cette responsabilité prise au départ, peut-être à la légère, n'a rien de réjouissant ni de glorieux.

Nous voyageons par le réseau très compliqué – plutôt sophistiqué – du métro de Vienne et tournons en rond un bon moment, désorientés, avant de nous retrouver dans le quartier chic où siège la direction de Caritas.

Nous nous présentons à onze heures chez notre avocat. Celui-ci tentait de nous trouver un endroit où loger. Il nous pria d'attendre.

J'ai un début de migraine. Le manque de nourriture équilibrée, de bon café, les marches continuelles, le stress, les discussions stériles m'ont achevée. La tête posée contre la table, je sentais en moi le vide absolu. Dans ce vide immense, il n'y avait plus qu'une seule phrase qui résonnait, très claire, écrite sur la blancheur de mes paupières closes, de plus en plus nette. Je la percevais aussi distinctement que je l'entendais :

DIEU EST GRAND... ET POURTANT DIEU EST GRAND... ET POURTANT DIEU EST GRAND... ET POURTANT DIEU EST GRAND... ET POURTANT DIEU EST GRAND... Quelque chose me disait que nous avions fait du mieux que nous avions pu et que tout restait entre les mains de Dieu. J'avais confiance en Dieu. Dans la salle, cette fois, le bruit feutré du silence quasiment religieux n'était plus dérangé par les agitations de mes deux petits, et la lumière douce se retirait discrètement, laissant la pénombre prendre possession des lieux. Il n'y avait plus que nous. La secrétaire sortit, nous tendant une enveloppe. Nadir l'ouvrit et y lut :

« Prière de loger pour deux mois la famille... » Nous remerciâmes nos bienfaiteurs puis allâmes récupérer nos ballots à l'hôtel des itinérants à Westbahnhof afin de rejoindre, un peu plus loin, sur Neustiftgasse, notre nouvelle demeure.

On nous attribua une petite chambre de quatre mètres de long sur trois mètres de large, flanquée d'une grande fenêtre située exactement face à la porte, deux lits superposés pour les enfants, un lit à une place pour nous deux, une vieille armoire, une table, deux chaises et un lavabo.

L'hôtel est très vieux et les cafards ne manquent pas. Mais c'est notre logis. Nous y reposons nos corps, unis, là, même sans radio, sans rien. Nous devons lutter. Nous savons que cette lutte sera ardue et que nous n'aurons pas de cadeau. Nous devons absolument nager très loin, sans penser à nous retourner, la tête constamment au-dessus de l'eau froide de l'automne qui arrive, sans nous adosser à un mur, ni nous accroupir quelque part, sans trop réfléchir, afin de garder la raison de partir claire dans notre tête, jusqu'à ce qu'elle fasse définitivement partie intégrante de notre vie. Nous devons, dès que le jour se lève, nous lever et nous appliquer à l'imiter dans sa minutie, dans sa course constante, il le faut, nous qui avons beaucoup trop su la précarité volage du bonheur et la lourdeur désespérante du malheur dont les voiles mettent très longtemps à se retirer. Nous qui avons fait tellement de projets humains, nous les avons perdus sur le parcours capricieux de la loterie qui a sauté notre numéro. Nous ne devons pas désespérer, bien sûr. Cependant, la porte du désespoir est juste à côté et il suffit d'en tourner la poignée pour que son souffle nous projette plus loin que notre point de départ.

Je m'applique, chaque heure, chaque jour, à m'instruire du plus infime détail. Très attentive. Je m'applique à rester un être humain dans l'acception digne du mot. Je m'applique à ne pas fléchir quand je suis malade; afin de sublimer la douleur, je la relativiserai au point de l'apprivoiser et, qui sait, elle sera un des leviers de mon combat. Je survivrai; de plus, je serai le témoin de l'espoir. Espérer jusqu'au bout, même lorsqu'il ne me semblera plus acceptable qu'il y ait matière à un quelconque espoir, là encore, j'accorderai assez d'amour à Dieu pour espérer et je sais que, d'une manière ou d'une autre, je serai récompensée.

Courant du mois d'août 1993

Dès la première semaine, nous nous mîmes consciencieusement à la recherche d'une issue légale auprès de plusieurs ambassades afin de quitter l'Autriche. Il faisait exceptionnellement beau à Vienne, cet été-là. La ville, luisante sous le soleil, regorgeait de touristes mais aussi de ses habitants. Il y avait tant de choses à admirer et à faire, ne serait-ce que voler, au hasard d'un heureux oubli, une promenade le long de ses magnifiques artères ou se perdre dans les parcs somptueux de ses nombreux châteaux. Vienne me donnait l'impression d'être une reine à tous les égards. Cet air de fête, de légèreté, de transparence, était transposé partout où mon regard se posait. Je volais des impressions, des éclats de lumière réfléchie au hasard des rayons solaires, laissant mon esprit respirer. Il m'arrivait furtivement de regretter l'instant magique, gratuit, ineffable, offert gracieusement à mes yeux meurtris, car je le savais très éphémère. Tel un enfant distrait au beau milieu de son chagrin, je puisais le repos en ces visions de rêve. Ce bonheur furtif qui ne consistait qu'à caresser du regard la beauté de la vie, même inaccessible à l'être démuni que j'étais, m'abreuvait telle une eau vitale et, le savoir possible, réel, existant, diluait ma peur dans la joie. La possession n'est guère que l'assouvissement d'un désir irrésistible. Or, le bonheur peut être éprouvé sans réelle possession.

Cependant, nous poussions l'austérité jusqu'à nous interdire ce droit de touriste. Nous étions des réfugiés anonymes, indésirables, sans légalité, et il n'était pas question que l'on perde nos précieux jours ni que l'on s'attarde à des loisirs qui ne nous revenaient pas de droit. Nous agissions ainsi de façon instinctive, tout simplement. Nous n'étions pas là pour des vacances, mais en sursis de séjour pour nous préparer à partir. Amère leçon apprise au fil des jours, inlassablement, intégrée bientôt à chaque geste, au réflexe près, jusqu'à l'obsession. De tous les sentiments humains, c'est celui de la peur qui fait réagir le plus rapidement le cerveau, ou qui le gèle mortellement. La peur de nous désintégrer civilement, que l'on dispose impunément de nos vies décuplait prodigieusement notre instinct de conservation.

Alors, nous cavalions toujours d'un endroit à un autre, pressés, les enfants galopant à nos trousses. Nous ne nous arrêtions que lorsque les bureaux des ambassades fermaient pour la pause de midi. Alors, nous prenions nos repas dans un parc, attendant leur réouverture.

Je ne me rappelle pas avoir entendu les enfants nous demander de leur offrir des cadeaux ou des jouets, chose courante en des circonstances autrement normales de la vie. Au contraire, ils vivaient dans notre ombre, percevant nos inquiétudes et nos angoisses au quotidien, avec appréhension, mais sans jamais nous accabler.

Je me souviens bien, par contre, de leurs regards d'enfants émerveillés léchant les vitrines au passage. Ils commentaient entre eux avec un sérieux surprenant la qualité d'un tel jouet ou d'un tel autre objet, détachés, en apparence du moins, du désir de l'avoir parce qu'ils savaient qu'ils ne l'obtiendraient pas. Alors, je pressentais leur souffrance muette. Je ne pouvais ignorer son existence, elle était là dans leurs yeux qui se détachaient à regret des belles devantures des magasins, dans l'allure de leur démarche qui ralentissait. Je ne leur promettais rien, puisque je ne savais rien de ce qui nous attendait le lendemain. Mais j'enregistrais leurs vécus comme toute mère afin de n'en rien oublier. Il me fallait m'en sortir, absolument, de cette pauvreté qui rend l'être nu et vulnérable au point de le rendre indigne d'être parent. M'en sortir à tout prix et en sortir les miens.

Les luxueux bureaux de l'ambassade australienne se trouvaient au premier arrondissement de la ville et ne désemplissaient pas de la journée. Le Service d'immigration recevait une panoplie de « clientèles ». Le mot étant sans doute inapproprié, je ne trouve pas cependant d'autre terme pour expliquer la situation des émigrés à l'époque. Selon les cas, il fallait postuler pour le statut de réfugié, de résident permanent ou d'investisseur.

Tout d'abord, il y avait les ressortissants d'ex-Yougoslavie. Fuyant la guerre, chacun avait ses raisons et il en venait de toutes parts : des Serbes, des Croates, des Bosniaques et, majoritairement, des couples mixtes échappés des régions chaudes de Bosnie où la guerre faisait rage, de Macédoine ou du Kosovo, région qui n'a jamais connu le repos, même en temps de paix. La catégorie des réfugiés concernait essentiellement les Bosniaques, issus directement des zones touchées par la guerre, au village près. Il fallait donc démontrer, preuves à l'appui, son identité bosniaque, son adresse, le chemin parcouru depuis l'endroit sinistré jusqu'en Autriche, et peut-être même produire la preuve d'un parent tué, torturé ou perdu là-bas. La demande devait présenter un caractère d'urgence et nous étions loin de prouver que nous courions ce tangible danger de mort puisque nous n'étions pas venus de Bosnie...

Allez leur expliquer les horreurs qui se passaient en Algérie bien avant 1993! Les hauts responsables algériens occultaient les soulèvements, les manifestations qui tournaient mal, les assassinats ciblés, les massacres collectifs, les meurtres commandités, crapuleux, gratuits, proclamant l'Algérie en bonne santé et capable de gérer seule ses affaires. La pieuvre ayant attribué à chacun de ses bras une tâche précise, le combat contre le monstre devenait inégal. Le peuple, lui, réduit au silence sous peine de représailles, enterrait ses morts en attribuant le malheur à la fatalité. Pour l'ONU, pourquoi s'occuper des Algériens et de leurs querelles internes? Leur dépêcher de l'aide en urgence? Leur offrir des solutions de rechange? Il ne se passe rien en

Algérie, nous a-t-on répondu laconiquement lors de notre visite aux bureaux du Haut Commissariat des réfugiés, où nous nous présentâmes pour demander le statut de réfugiés.

La seconde catégorie, celle des immigrants indépendants, devait se trouver un parent habitant légalement en Australie, assez bienveillant pour accepter de parrainer une famille de quatre personnes. Nadir se souvenait bien d'une lointaine tante émigrée à Sydney et qu'il avait, pour la dernière fois, contactée en 1980 pour un éventuel projet d'immigration. Il ne savait même pas si elle vivait encore et si elle se rappelait de lui. Néanmoins, il donna ses coordonnées, leur laissant le soin de les vérifier.

La dernière et inaccessible catégorie, celle des riches entrepreneurs qui débarquaient avec leur attaché-case, leurs gardes du corps, parlant brièvement et du ton pressé et ennuyé des gens d'affaires, ne nous concernait pas.

Malgré nos espoirs, nos efforts, nous étions conscients de nos chances. Elles étaient pratiquement nulles. Nous n'étions plus aussi naïfs qu'au début. Un dossier n'est qu'un simple paquet de papiers sans vie, sans émotions, sans détails humains. Un dossier ne reflète pas l'identité réelle des personnes qui aspirent à émigrer. Leurs motivations sont vides de sens entre les lignes insipides des formulaires que les employés brassent depuis des années entre leurs mains rapides. Ce qui accrochera leur regard, ce sera plutôt quelque chose de pratique, de gros, comme un paquet de fric pour ouvrir un restaurant, ou un contrat de travail en béton, et encore, le chemin n'est qu'à moitié parcouru. Non. Nous avions, depuis, appris la leçon. Nous étions pauvres au point de dépendre de la charité des autres pour manger. Nous n'avions d'adresse que celle d'un lieu provisoire, un coin. Alors, cette fois, nous n'avions pas trop parié sur la chance.

La réponse ne se fit pas longtemps attendre. Négative et sans appel. Nous en rîmes de tristesse, cette étrange sorte de fatigue d'attendre le miracle inespéré. Nous eûmes une grosse peur d'annoncer ce premier échec aux employés de Caritas. Il nous fallait tenter autre chose, très rapidement. Nous taire, absolument, et courir à la recherche d'autres issues. Voilà ce que nous fîmes.

Le soir même, je sentis Nadir se creuser les méninges. En fait, nous passions en revue tous les pays potentiels, toutes les ambassades où nous avions la moindre chance de déposer un dossier, soit en réfugiés ou en émigrants indépendants. C'était un travail harassant, long, très ingrat. En outre, il nous fallait obtenir des entrevues, rencontrer des gens, présenter notre famille entière, tels des gitans qui imposent leur existence et forcent à la réflexion. Arriver aux préposés pour obtenir des formulaires, les remplir et les déposer pour examen, car la communication par téléphone n'est pas le meilleur chemin vers le succès. N'importe quel bon employé pouvait nous épargner le déplacement s'il nous posait deux ou trois questions pertinentes sur nos conditions de vie ou notre statut. Or nous étions des démunis sans le statut légal de démuni. Et il n'existait pas de catégorie intermédiaire dans laquelle on pouvait éventuellement nous parquer. Nous savions cela. Alors, Nadir eut l'idée de tenter le dépôt d'une demande de séjour permanent à l'ambassade du Koweit.

« Peut-être que tu nous porteras chance, cette fois-ci », ajouta-t-il à mon adresse en riant.

Le consul, un mince et petit personnage d'allure très distinguée, nous écouta tranquillement relater nos difficultés puis nous conseilla sur la manière de constituer nos dossiers. Il m'aida même à rédiger une très belle lettre dans les termes les plus raffinés de la langue arabe aux autorités de son pays. Il accepta également de nous délivrer une attestation officielle prouvant le dépôt d'une demande de résidence permanente, grâce à laquelle je pus obtenir six mois de séjour temporaire en Autriche! Puis il nous souhaita bonne chance, nous serrant chaleureusement les mains. Il devait savoir, diplomate expérimenté, ce que nous ignorions. Nous n'eûmes jamais de réponse de la part de son ambassade.

Dès lors, nous employâmes le plus clair de notre temps à multiplier nos contacts, constituant des dossiers et nous déplaçant d'un consulat à un autre en vue de nous renseigner sur les divers programmes des pays et sur leurs besoins en main-d'œuvre.

Alors nous vint l'idée d'émigrer au Canada. Le vingt-six août 1993, nous remplissions les premiers formulaires pour une demande de résidence permanente au Québec.

Honnêtement, nous ne connaissions pas grand-chose du Canada.

À nos yeux, ce devait être un très grand pays, un beau pays aux confins du rêve, de l'imagination, plein de liberté. Mais c'était l'espoir qui rendait ce rêve si beau. Car, chaque fois que nous choisissions un pays, il se parait soudain de toutes les qualités au point d'en rivaliser avec le paradis. C'était sans doute une façon salutaire d'échapper au blafard et morne quotidien, à la misère réelle qui nous sautait à la gorge, impitoyablement dès le réveil.

Par contre, nous avions une idée plus précise du Québec : on y parle français, un français propre aux Québécois; c'est une région singulière, carrefour de pays et de nations aux mille visages, aux plus belles variantes de couleur humaine, fruit de mariages exotiques, mixtes, entrelacements illimités de races dont l'aboutissement serait justement une race supérieure, riche, féconde, porteuse de promesses. C'est au Québec où, incontestablement, on entendra le moins parler de racisme et où l'on côtoiera le plus de langues étrangères au monde. Qu'il était vert et accueillant. Qu'il était le beau pays qu'il nous fallait.

Début septembre, nos enfants seront, à notre grand bonheur, admis à l'école. Du coup, quelque chose bouge, se déplaçant dans le temps. L'imprévisible allait s'en mêler. Nous l'escomptions du moins. Avec ce semblant de vie qui allait, s'organisant de cette manière, s'installer, nous reprîmes courage. Imperceptiblement, l'automne aborda la ville et les environs. L'air frais du matin, les teintes adoucies des feuillages encore fournis, les premiers vents annonciateurs de pluie, toute cette tendre morosité propre aux soirs frileux signait désormais la fin d'une saison. J'aime cette étrange nostalgie que dégagent ces soirs-là. Qui m'incitent à m'envelopper dans la solitude et le silence et à rentrer au plus profond de mon être... Dans ce voyage intérieur, il me sera loisible d'imaginer mon bonheur tel que je l'entends. Je l'insuffle de mes rêves, le pare de mes désirs, le modèle au gré de mes fantaisies, le laisse m'emporter loin du présent solide dont le béton blesse, les mots écorchent, l'écho impitoyable effraie.

Facilement, je glisse, rebroussant chemin dans le souvenir des années heureuses.

À l'époque, non loin d'ici, j'avais le vent en poupe, escaladant avec assurance, je m'en souviendrai toujours, jeune, le dos bien droit, souriante, les majestueux escaliers du très célèbre institut SUVAG dont le fondateur était mon professeur et mon mentor. Je dirigeais avec bonheur mes quatre classes de langue française et mon univers était celui de chercheurs et d'intellectuels de haut niveau. J'aimais tant Zagreb qui, pour moi, était le foyer de ma famille, et je n'imaginais pas un jour en quitter définitivement le territoire. Qui a le pouvoir de soulever le voile du futur pour le questionner sur ce qui l'attend?

Qui donc, de bon gré, quitterait son pays natal où le soleil est presque à portée de main toutes les saisons, laisserait s'effacer par la force de l'oubli les traces de son passage sur les rues de son enfance sinon celui dont on a dépouillé l'âme de toute dignité humaine? Qui donc opterait pour un voyage sans destination précise si ce n'est celui dont le glas a sonné?

L'attente, n'engendrant que des suppositions contradictoires, nées tour à tour des vagues successives d'espoir, de lassitude, d'hypothèses fondées bien souvent sur des informations éparpillées, subjectives, invérifiables, nous vrillait les nerfs. Alors, il ne nous restait plus qu'à saisir des moments creux et à les respirer jusqu'à l'évanouissement. Qu'importe qu'on nous saisisse par le collet et qu'on nous raccompagne aux frontières! Le moment vécu est une fraction d'existence volée à l'étalage de la loterie qui, sans doute, ralentira la marche du destin à notre avantage. Menus moments extensibles, délicieux, gratuits, agrémentés d'un mélancolique couchant sur les rives du Danube, du coin étoilé d'un ciel bleu nuit faufilé à travers la fenêtre. Qui sait? Il n'est d'impossible que ce qui n'est pas encore imaginé. Rêves d'un enfant qui devance les obstacles avec candeur et s'établit une place bien à lui par la magique phrase : *quand nous arriverons là-bas, je voudrai avoir une chambre rien qu'à moi, un vélo à sept vitesses...*

Les rares individus qui en arrivent à ces frontières, où l'espoir devient une composante essentielle à la survie, sont les condamnés à mort et les réfugiés de notre espèce.

Le malade qu'habite un mal incurable n'oublie sa souffrance que l'instant du répit qu'elle lui accorde. Alors, la vie, incorrigible, reprend ses droits et miroite des mirages d'espérance. Il entre dans le jeu sans pour autant être dupe, mais le jeu en vaut la chandelle. Peu importe le temps accordé. Combien de rêves merveilleux se déroulent l'espace de quelques minutes! Les mystères de la chimie humaine sont impénétrables! C'est ce qui nous arrivait et c'est ce en quoi nous croyions très fort. Cette foi inexpliquée, née de l'aveugle volonté de faire jaillir le possible de nulle part, cette résistance surhumaine au désastre occultaient un instant le présent et dressaient des plans sur l'optimisme. Balance équilibrée sur la fragilité de l'émotion du moment mais aussi du cordon vital qui refuse de rompre. Nos rares communications empruntaient prudemment d'autres voies que celles qui mènent exclusivement en dehors du tunnel.

En guise de réponse au découragement de sa femme, un exilé a dit : nous devons croire en notre combat. Nous sommes condamnés à réussir. Lorsque le moral tombait au creux de la vague, nous nous disputions. Ces affrontements n'étaient que des appels au secours maladroits, inavoués. Accrochages de bêtes prises au piège, cherchant l'issue. Recherche angoissante de la communication. Deux naufragés en voie de noyade ont peu de chance d'engager un discours dont les règles de base sont l'écoute et le partage. Il n'y avait pas un iota d'espace en l'un pour l'autre.

L'estime de soi, cet inaliénable sentiment qui vous soutient à travers les tourments de l'existence, s'amenuise, épuisé, surexploité, s'effrite, érodé insidieusement par les assauts d'un destin imprévisible où l'embarcation fragile qu'est notre vie est à la merci de tous les vents. Les nuits glissent et se fondent dans les jours qui les suppléent, apportant le souffle appréhendé des mauvaises nouvelles qui pleuvent. Quant à sortir déambuler dans les rues au risque de se perdre et d'être incapable de retrouver son chemin, pas question. Ankylosé par la terreur de ce que sera le lendemain, un réfugié n'éprouve pas le besoin de faire une promenade pour le plaisir de respirer la nature, de jouir du simple fait d'exister ou tout simplement pour oublier sa condition.

Au contraire, son malheur l'empoisonne, l'étouffe, le paralyse, forme autour de lui un cocon qui l'emprisonne et l'empêche de se libérer de son angoisse. Il ira plutôt se réfugier dans un coin de sa chambre, où il se sentira sécurisé, ou alors il recherchera la compagnie de ses semblables pour briser, au mieux, sa solitude. Aucune des personnes que je connaissais n'avait les habitudes des gens de l'extérieur. Il fallait d'abord être « légal », avoir un statut et une valeur sociale avouables pour reconsidérer les choses et changer.

Nous étions tous littéralement obsédés par cette absolue nécessité : *la légalité.*

Elle était le centre de nos tracas, elle nous habitait, occupait nos jours et nos nuits. Toutes nos discussions devaient inévitablement converger ou aboutir au sujet essentiel, le seul commun à tous. Elle était la porte principale qui menait à notre dignité. Sans elle, nous étions invisibles, transparents, insignifiants, légers, plus fragiles, plus mortels que le commun des mortels. Nous étions soudés par cette solidarité dans notre lutte contre notre état invisible. Nous étions forts chaque fois que l'un de nous réussissait enfin à percer dans la lumière des visibles.

Être un invisible, c'est déambuler en fantôme dans la société des autres.

Des phénomènes très curieux se produisaient ponctuellement dans notre hôtel. Avec l'arrivée continuelle de nouveaux réfugiés, l'espace se rétrécissait peu à peu. Une famille de quatre personnes devait tenir dans une chambre de trois mètres sur quatre et là encore c'était l'idéal. Les célibataires se retrouvaient entassés dans des chambres-couloirs, à six ou plus. Alors, la différence des cultures, des religions, et l'âge des colocataires rendait la cohabitation infernale. Disputes, coups durs, insultes étaient monnaie courante au troisième étage. Mais tous se taisaient. Telle était la loi de la survie dans le circuit fermé des mâles. En dehors des chambres obscures, exiguës où les corps s'effleuraient continuellement, rien ne transpirait à l'extérieur. Tout se résorbait à l'intérieur. Quiconque enfreignait l'implacable pacte se voyait puni ou mystérieusement expulsé.

Tandis que les responsables de l'hôtel s'efforçaient toujours de trouver des solutions à nos problèmes vitaux et quotidiens, l'administration en haut lieu s'obstinait à nous envoyer des familles, les yeux résolument fermés, sans se soucier des détails comme si, d'un coup, le miracle allait soudain opérer et l'espace s'élargir pour celles-ci. Souvent, la cuisine commune se transformait en un véritable champ de bataille où chacun défendait férocement son minuscule territoire. Nous étions trois familles à partager l'espace d'un petit réfrigérateur au millimètre près et gare à ceux qui outrepassaient leurs limites! Nous devions patienter des heures pour cuisiner. Quelquefois, nous étions obligés de nous passer d'une rapide douche ou de poireauter longtemps devant la salle de toilette.

Pourtant, il y avait des gens bien parmi nous. Je revois ce jeune Iranien, le sourire éclairant son visage rond. Il ne savait pas se fâcher, même quand l'atmosphère s'y prêtait. Je le trouvais brave, courageux, moi qui m'insurgeais trop vite contre toute irrégularité. Un simple détail fait toute une différence dans les relations humaines.

Au début, nous comprenions et coopérions. Il y avait cet espoir naïf qui nous faisait croire que l'on pensait sûrement à nous. Que nous n'étions plus seuls, arrivés jusque-là. De l'intérieur, nous ne pouvions percevoir l'indifférence du monde. Il nous était inconcevable de réaliser que nos sorts ne dépendaient aucunement d'un processus solide tenant compte de nos existences, que nous ne retenions l'attention que le temps qu'il suffit à l'information pour être décodée par le cerveau. Nous nous efforcions d'échanger, d'oublier notre angoisse, de nous centrer sur le moment présent, de partager un mets, de nous faire des compliments, de rire un peu, de nous encourager. Il nous arrivait de comprendre notre infortune commune. De l'attribuer, selon nos croyances, au destin ou au hasard et de composer avec. Nous nous regardions rarement dans les yeux mais lorsque cela arrivait, nous essayions de décharger nos regards de tout ressentiment, de toute rancœur afin que l'autre n'y voie que la paix. Mais cela devenait difficile. Parce que les jours étaient longs, uniformes, n'apportant que très rarement le souffle optimiste d'une nouvelle. La déprime reprenait le contrôle de notre état mental. Cet énorme boa qui sommeillait en nous n'attendait que l'occasion d'un échec, d'une mauvaise passe pour resserrer son étreinte.

Nous étions conscients de nos besoins réciproques et du peu de moyens dont nous disposions. Alors, il nous arrivait de trouver des compromis, de céder. Avec le temps figé, lourd, stérile, nous commencions à en avoir marre de nous côtoyer. Survoltés que nous étions de frustration, notre tolérance n'était pas loin du zéro. Un orage éclatait çà et là, difficile à contenir. Des larmes de rage. Des portes qui claquent. Des regards lourds, noirs, tranchants, chargés de haine, dans une guerre sans but.

Par moments, nous perdions totalement l'espoir de partir et désespérions de voir l'autre déguerpir. Telles des embarcations fragiles à la merci des flots imprévisibles, nous vacillions au moindre souffle. L'insécurité, l'écho des lois qui se durcissaient à notre égard, les rumeurs, fausses ou vraies, la pauvreté nous frustraient au point que le voisin était perçu comme l'ennemi qui venait encore compliquer les choses en voulant partager le gâteau transformé en miettes.

Certains de nos comportements humains me rappelaient étrangement ceux des animaux qui, lorsque l'espace vital leur manquait, se sautaient agressivement les uns sur les autres pour se détruire.

Nous cohabitions avec un jeune couple albanais. La femme devait avoir vingt-quatre ans, son mari était à peine plus âgé qu'elle. Leur petit garçon, frêle et mignon, sortait rarement de la chambre. Ils avaient fui la dictature serbe exercée sur leurs familles au Kosovo. Les larmes aux yeux, Faiza me parlait de son père que la police serbe avait torturé alors qu'elle vivait encore au pays. Je la croyais. Je savais qu'au Kosovo, depuis les années 1980, les choses n'allaient pas pour le mieux pour les habitants d'origine albanaise. Le couple avait déjà reçu deux réponses négatives à sa demande d'asile et tremblait à l'idée d'être expulsé un jour ou l'autre de l'Autriche.

La peur envahissait nos vies jusqu'aux infimes gestes quotidiens. Se détendre, oublier, devenait un sport difficile à pratiquer tous les jours. Ces jeunes adultes peureux et fragiles partagèrent avec nous quatre mois de marées hautes et basses. Nous nous supportions du mieux que nous pouvions. Toutefois, l'homme est naturellement porté à vouloir améliorer son propre quotidien même au détriment d'autrui et, pour peu qu'il cède du terrain à son égoïsme, il se verra obligé de lutter contre son semblable pour son propre bien-être. Cet état de choses a donc graduellement détruit le peu d'atmosphère saine qui subsistait entre nous. Bientôt, nous ne nous adressâmes plus la parole, chacun pensant être dans son bon droit.

Quelques mois plus tard, leur avocat fit en sorte de les extraire de leur trou. On leur octroya la location d'un petit appartement à prix modique dans un immeuble pour réfugiés et nous ne les revîmes plus jamais.

Quant à nous, monsieur Herz, notre bel ange gardien, nous offrit une chambre à l'étage supérieur, plus spacieuse et munie de deux grandes fenêtres. Nous eûmes droit à un grand lit et pûmes enfin aménager aux enfants des coins individuels. Te rappelles-tu, mon garçon, ton lit face à la fenêtre et ta petite table de nuit vermoulue où tu entassais tes petits trésors? Moi, je m'en souviens. Je revois tes gestes enfantins caresser tes jouets avant de les ranger soigneusement.

Et toi, Amira, qui dormais sur un vieux matelas tout contre notre lit, te souviens-tu de ta phobie à la vue des cafards? Notre effroi, oui, c'était toujours la présence horrible des blattes qui se promenaient en propriétaires absolus dès l'extinction des lumières. Il y en avait partout, à tous les étages, logées dans les murs, en grosses colonies bien organisées. Nous en trouvions même dans le frigo et l'idée de manger des aliments traversés par ces insectes nous soulevait le cœur.

Je me rappelle une nuit mémorable. Je me suis réveillée pour boire un verre d'eau et le spectacle épouvantable de centaines de cafards sillonnant la chambre me fit frémir d'horreur.

Évidemment, il y eut de nombreuses actions d'extermination aussi bien de la part des responsables de l'hôtel que de la nôtre, mais, avec le minimum d'argent dont nous disposions, il nous fallait un certain sens du sacrifice pour acheter continuellement des pesticides qui n'avaient qu'un effet provisoire sur ces bestioles endurcies.

Il y avait aussi la faim qui nous tenaillait et dont on ne parlait pas. L'argent, nous devions le fractionner pour satisfaire mille besoins, aussi nécessaires les uns que les autres, tel que les fournitures scolaires, car l'école, si elle était gratuite, ne fournissait rien aux élèves, même les plus démunis. Fallait-il donc manger ou s'instruire?

Alors, je m'ingéniais à m'approvisionner dans les épiceries où l'alimentation était à bon marché. J'allais chez Hoffer, grande chaîne de magasins allemands implantée à Vienne où tous ceux qui avaient du mal à joindre les deux bouts venaient remplir leurs paniers sans se ruiner. Bien que moins chères qu'ailleurs, les denrées alimentaires étaient fraîches, abondantes et faisaient notre bonheur.

Nos premiers mois furent très durs. Il nous fallut nous passer de beaucoup de choses. En fait, notre nourriture se réduisait aux pâtes, au riz, aux pommes de terre, au poulet et aux bananes. C'était ce qu'il y avait de moins cher. Mais nous ne nous attardions pas à ces détails. Notre souci majeur était de trouver une issue légale pour quitter l'Autriche ou d'obtenir un moyen de nous y établir sans craindre le refoulement. « Sans papiers, te dira un réfugié, t'es rien! »

Nous n'avions pas sombré dans le désespoir total parce que nous vivions dans une métropole où pullulaient réfugiés, demandeurs d'asile, *illégaux* venus de tous pays. L'atmosphère était chargée des mots *Ausländer* et *Flüchtlinge*, partout où on allait. Elle en vibrait, littéralement. La police avait fort à faire dans les artères de la belle capitale et ses souterrains commerciaux.

Les bureaux de police, les tribunaux et tout l'arsenal juridique étaient aguerris pour affronter le phénomène. Les journaux s'occupaient beaucoup de notre sort, les uns pour notre cause, les autres contre. Quant aux innombrables organismes humanitaires, ils ne désengorgeaient pas du matin au soir. Ils offraient ce qu'ils pouvaient : de l'aide juridique gratuite, des vêtements usagés, de la nourriture rarement périmée et, surtout, un endroit de rencontres et d'échanges pour infortunés.

Ainsi, en dépit de la tension et des répercussions de la guerre qui faisait rage juste dans le pays voisin, de la vague des lois qui n'en finissaient pas de se durcir et d'anéantir l'espoir de tant d'exilés, toute cette atmosphère, irrespirable pour nous, ne semblait pas affecter l'humeur de ces Autrichiens mi-indifférents, mi-polis. Ils me semblaient sortis du temps, rêveurs, nonchalants, tranquilles; ils ne m'ont jamais donné l'impression d'être racistes. Peut-être juste ennuyés d'être dérangés dans leur petit pays « neutre ». Cette indifférence viendrait-elle justement de leur neutralité?

J'eus beau composer avec mes conditions de vie, je me sentais de plus en plus mal.

Je me percevais bête, analphabète, gauche dans les épiceries où je ne savais ni me renseigner sur ma marchandise, ni saluer, ni demander mon chemin! Parlant anglais, je tentais d'établir un contact avec mes semblables. Peu de personnes acceptaient d'y répondre. Il fallait donc parler allemand haut et fort ou s'en tenir au langage rudimentaire des signes, agrémentés d'un mot clé, d'un mot miracle. Alors je rentrais dans ma coquille et redevenais invisible. Tel est le lot du naufragé sur l'île viennoise, chassé par des vents hostiles. J'avais mal du regard qu'on posait sur ma tête penchée à compter les sous sur les comptoirs des magasins et sur mon vieux manteau miteux qui ratait son siècle...

Alors il me vint une idée : apprendre la langue du pays, ce code magique qui décloisonnerait l'espace fermé. Effrayé par ce désir saugrenu, mon conseiller ne vit pas l'intérêt d'un tel apprentissage. La moindre initiative de notre part devenait automatiquement suspecte et pouvait compromettre, à ses yeux, nos chances de partir. Il eût été heureux de nous voir, comme par enchantement, nous volatiliser, réglant ses problèmes de gestion d'un cas qui lui pesait si lourd sur le cœur.

Son unique souci était d'établir ponctuellement ses rapports mensuels pour ses supérieurs et d'y apporter, si possible, quelques détails favorables plutôt à son travail qu'à notre condition. Son avis, nous le connaissions : il lui importait vraiment peu qu'on se trouvât un pays d'accueil. Il aurait aimé que l'on quitte tout simplement le territoire autrichien, quitte à retourner là d'où nous étions venus. Il nous répétait souvent que notre cas était banal, que nous n'allions jamais obtenir gain de cause. Pessimisme gratuit, fondé sur son aversion de la caste à laquelle nous appartenions. Selon lui, nos chances d'émigrer étaient nulles; nous n'étions pas officiellement réfugiés, nous n'avions pas d'argent pour prétendre à la catégorie d'émigrants indépendants. Et il y allait de son bon train, démolissant notre moral, posément, comme s'il désirait ainsi nous rendre moins douloureuse la tâche de nous détacher de nos projets et de nos plans chimériques. Mais nous étions tellement coriaces, imperméables à ses croyances, qu'il finissait par se lasser et nous laisser lui exposer nos idées. Nous n'avions rien à perdre et du temps à en revendre. Nous envahissions son bureau et nous l'amenions à croire que l'impossible était une notion introuvable dans notre dictionnaire. Bien entendu, il détenait toujours le pouvoir d'écourter nos entrevues s'il les jugeait inutiles, mais il savait que nous irions en parler à son chef qui, de cœur et d'âme, était son parfait opposé.

« Pourquoi apprendre l'allemand? me dit-il. Cela ne vous servira à rien puisque vous n'avez aucune chance de vous établir en Autriche.

— Exact, mais en attendant, cela me servira au moins à faire mon marché, à demander un renseignement à un passant et à saluer les gens dans la langue du pays. C'est juste pour un besoin personnel. Vous savez, j'aime les langues. C'est mon domaine.

— Oui, je comprends, mais nous n'avons pas les moyens de vous payer des cours de langue. Désolé. »

Pourtant, un jour, il me convoqua à son bureau et me remit une adresse.

« Allez voir combien cela coûte, des cours d'allemand. Puisque vous aimez les langues, ce sera une bonne occupation pour vous. »

Qui l'avait fait changer d'avis? Je le remerciai de bon cœur et pris le métro pour la place de Suède où se trouvait une des écoles les plus réputées de la ville. Le directeur me reçut gentiment et m'expliqua en détail et en langue française la teneur, la durée et le prix de leurs services.

« Je suis réfugiée, vous savez. Je vis aux dépens d'une organisation caritative. Si vous consentez à m'accorder un rabais, peut-être que les responsables me payeront ce cours... »

Il me remit sous pli un mot avec sa proposition, c'est-à-dire la moitié du prix régulier des cours.

Ç'aurait été très avantageux pour tout autre personne.

Mon conseiller considéra la somme proposée et me signifia son regret.

Je montai dans ma chambre et pris le livre que j'avais acheté. J'étais résolue à l'apprendre, cette langue. À n'importe quel prix.

L'occasion rêvée se présenta quelques jours plus tard, sous la forme d'un heureux hasard dont je ne remercierai jamais assez le Seigneur. Non loin de notre hôtel, se trouvait une école de langues étrangères nommée Ottakring, sorte d'université populaire où l'on pouvait bénéficier de divers cours du matin au soir. J'y étais allée au début de l'année afin d'inscrire mes enfants pour une aide scolaire supplémentaire.

L'enseignante connaissait mon problème. Je lui en parlais souvent. Ce jour-là, elle m'aborda, toute joyeuse, et m'entraîna chez la secrétaire. Toutes les deux d'origine croate, donc solidaires en quelque sorte de ma cause, elles m'expliquèrent que les cours en question avaient été spécialement organisés pour les réfugiés bosniaques et subventionnés par le gouvernement autrichien lui-même! Je n'avais donc qu'à fournir la preuve de mon statut et à revenir m'inscrire! Je jubilai, littéralement!

« Viens aujourd'hui, me dirent-elles. Le cours commence ce soir! »

Je fis joyeusement irruption dans le bureau de Franz, lui racontant mon aventure. Laconique, n'ayant rien à perdre, il me remit l'attestation en question.

Un fait banal pour tout autre individu dont la vie est riche en mouvements et couleurs, dont l'espace ne connaît pas les limites débilitantes qui sont les miennes. J'entrais enfin dans un univers où mon esprit, comprimé, asphyxié, longtemps occupé à résoudre une infinité de questions dont les réponses dépassaient mes compétences, aurait enfin droit à une gymnastique particulièrement ardue et d'un nouveau genre.

Octobre 1993

Le froid s'installe, préparant l'hiver. Bien que rares, les rafales de vent, violentes par moments, giflent et hérissent la peau légèrement protégée. S'habiller chaud est un exploit qui relève du miracle. Travailler pour se procurer des vêtements? Péché mortel, impardonnable affront à la charité chrétienne, entorse supplémentaire à l'illégalité, insolent défi à l'anonymat selon lequel tout sans-papier est un sans-droit. Implacable logique qui sous-entend que l'aumône accordée au mendiant lui défend le droit à un minimum de dignité, l'enchaînant à l'humiliation qui nourrit un système dont il est absolument incapable d'imaginer l'existence. Et pourtant, nous étions des champions dans l'art de nous faufiler entre les trames de cette toile d'araignée! Notre intelligence vive, aiguisée par les circonstances même de notre condition, notre désir de survivre, de renverser des lois injustes, boiteuses, fondées non pas sur l'humanisme et la dignité de l'homme, mais sur son exploitation au nom de son besoin d'être aidé, triomphaient toujours.

Cette équivoque, je la percevais sans peine. Un pauvre fait nécessairement vivre un riche.

Il n'existe pas un gramme d'altruisme dans toute l'affaire. Pour que l'équilibre se maintienne, il faut que le pauvre demeure absolument inerte jusqu'au moment où l'on décide de le libérer, sans quoi l'échafaudage sur lequel est érigé le système tombe et beaucoup d'intérêt avec! Mais nous, tels des prisonniers rompus dans l'art d'arrondir leurs maigres avoirs, nous n'arrêtions pas de chercher le moyen de travailler sans être pris. Cependant, dès que quelqu'un était soupçonné de jouer double jeu, il s'exposait tout simplement à l'expulsion. Donc, tout se faisait avec une extrême discrétion. Il y avait dans le cercle des intervenants une jolie jeune fille qui s'occupait, auprès des locataires de l'hôtel, de glaner les informations relatives à nos écarts de conduite. Gentiment, avec un sourire angélique, elle pouvait délier des langues enfantines et en arriver à ses fins.

Espérer le miracle sans chercher à le provoquer, faire confiance à la machine judiciaire grâce à laquelle bon nombre d'individus se sont retrouvés sur le trottoir et ont été ramassés par les organisations humanitaires, attendre sagement la décision sans appel qui vous ordonne de déguerpir en l'espace de quelques jours relèvent de l'irréel. Et pourtant, nous n'avions pas le choix. Bien sûr, il y avait de l'espoir, dans ce magma de cas compliqués, mais aucune histoire ne ressemblait à une autre.

Certaines familles avaient pratiquement épuisé toutes les voies de recours et obtenu leur troisième réponse négative à leur demande d'asile. L'État s'en déchargeait. Alors Caritas reprenait la relève, intervenait sur le plan juridique. Quelquefois, la décision était renversée, au grand bonheur de la famille qui sortait enfin vivante du cauchemar, dans la lumière des autres. Mais le processus durait des années, pendant lesquelles le plus fort des caractères, la plus résistante des personnalités peut en prendre un coup.

De rares chanceux bénéficiaient du droit d'asile et attendaient d'être transférés à d'autres logements à loyer modique. Ceux-là pouvaient enfin respirer et planifier leur avenir sur fond légal. Nous étions heureux pour eux parce qu'ils représentaient l'espoir auquel nous nous accrochions.

Il y avait les cas flous, les célibataires, jeunes Noirs déserteurs de l'armée, évadés d'Afrique centrale ou d'Europe de l'Est, vivant adroitement du travail illégal, bénéficiant du service gratuit des avocats et de la tolérance de la police.

Puis, notre cas qui ne cadrait dans aucune de ces catégories. Nous devions nous débrouiller seuls. Monsieur Herz, le chef de l'équipe, avait mis à notre disposition le télécopieur, le téléphone et l'ordinateur. Il était l'unique responsable à croire en notre volonté de réussir.

Il nous prodiguait beaucoup d'informations concernant le Canada, orientait souvent nos démarches, s'asseyait et prenait le temps de considérer nos suggestions. Nous ne sentions jamais de tension ou d'impatience dans son bureau. Nous aimions y aller parce qu'il émanait de sa personne une bonté grandiose. Il nous donnait le sentiment que nous étions importants, capables. Il nous procurait cette vitamine qui stimule le désir de croître et de s'améliorer. Nos journées étaient plus légères lorsqu'il nous souriait d'un air complice. Nous avions besoin de sa confiance et il le savait. À un stade critique de notre situation, la direction de Caritas eut l'intention de nous éliminer carrément du nombre des bénéficiaires en nous expulsant de l'hôtel. Herz s'y opposa et s'engagea personnellement à défendre notre cause, affirmant à ses supérieurs que nous étions capables de nous en sortir. Cela nous permit de gagner encore du temps, ce temps précieux qui est l'unique démarcation temporelle qui nous sépare des sans-abri.

Tous ceux qui travaillent sur des dossiers de réfugiés, tant au niveau gouvernemental que dans les diverses administrations d'organisations humanitaires, savent par expérience que les solutions miraculeuses n'existent pas et qu'un minimum de deux années de démarches, d'efforts et de patience est absolument indispensable pour qu'une famille parvienne à obtenir un statut légal au pays même ou à assurer son départ vers un autre pays d'accueil. Monsieur Herz le savait également.

Un matin, une équipe de photographes débarqua à l'hôtel. On prit des photos de tout le monde, nous expliquant que des producteurs de films pouvaient avoir besoin de quelques figurants typiques, notamment des Européens de l'Est. Évidemment, le droit de travailler, nous ne l'avions pas. Cependant, cette forme d'exploitation existait bel et bien et elle était tolérée de la part de nos chefs. Une curieuse clause dont on ne comprenait ni les tenants ni les aboutissants, mais qui avait certainement sa fonction essentielle dans l'échafaudage bien pensé du système précédemment évoqué. Un figurant pouvait gagner quatre cents shillings pour huit heures de travail. Cela représentait énormément d'argent pour celui qui n'en avait pas.

Pire, nous étions heureux de pouvoir être exploités! Nadir croyait dur comme fer qu'on allait l'appeler un jour. Effectivement, une semaine plus tard, on le pria de se présenter avec les enfants pour le tournage du film *Mesmer*.

Ce fut trois jours de travail harassant de cinq heures du matin à vingt-deux heures. J'eus peur que les enfants tombent malades. Cependant, tout se passa bien et l'argent gagné contribua à améliorer pour quelque temps les conditions de notre vie. Les enfants purent se payer les premiers jouets dont ils rêvaient depuis longtemps déjà.

Enfin, nous reçûmes une convocation du Service d'immigration du Québec.

L'entretien ne dura pas longtemps

« Pourquoi voulez-vous vivre au Québec? commença le conseiller.
— Parce que nous serions plus à l'aise dans une société pluraliste d'expression française, avons-nous répondu.
— Évidemment, mais qu'allez-vous faire là-bas?
— Je suis enseignante spécialisée auprès de jeunes sourds. Je compte bien trouver du travail dans ce domaine », dis-je.

Le fonctionnaire était très adroit et allait toujours droit au but :

« Avez-vous de l'argent? »

Cette question nous surprit sans une réponse toute préparée.

« Comment comptez-vous vivre, alors, vous postulez bien pour le statut d'immigrants indépendants? » dit-il, soudain fatigué de nous malmener.

Les réponses bêtes énervent l'homme expérimenté et je saisis dans son regard l'issue de l'entrevue. Je ressentis une tristesse innommable qui m'envahissait l'âme. Je n'avais rien, rien à ajouter, car il avait entièrement raison. Et encore une fois, comme en Suède, je saisis parfaitement la logique des choses.

Alors, le conseiller nous parla du Canada.

« Vous savez, là-bas, vous serez obligés de compter sur vous-mêmes, pas sur de l'aide financière. La situation économique est très difficile, l'hiver, long et dur. Bien sûr, nous avons besoin de familles comme la vôtre, mais vous devez être prêts à vous assumer. »

Sa réponse est là. Claire. Sans équivoque. Nadir se fracasse une fois encore la tête contre le mur de l'impossible, déployant son optimisme au-delà des frontières du réel, échafaudant des plans futuristes sur sa seule volonté de réussir. Il commence alors à enivrer l'homme de ses espoirs.

L'officier lui répond, mi-sérieux, mi-ironique :

« Allez donc travailler sur les chantiers de construction à Vienne, gagnez de l'argent et revenez me voir dans deux ans; vous serez toujours les bienvenus!
— Oui, je le ferai et nous reviendrons, soyez-en sûr »,
promit Nadir.

J'eus un stupide sentiment de défaite. Quelques jours

plus tard, la réponse arriva. Désolée mais négative. Cette fois, c'était inévitable, il fallait faire le point avec notre conseiller.

« Nous avons besoin d'argent pour satisfaire aux exigences du Service d'immigration, lui ai-je expliqué.
— Combien?
— Cinquante mille shillings tous frais compris. »

Il resta sans mot, abasourdi.

« Vous n'aurez jamais cet argent, même après vingt ans d'économies », me dit-il lugubrement.

Je m'accrochai à des illusions, des encouragements, n'importe quoi d'humain...

« Pourtant, si nous arrivons à nous trouver du travail, si nous économisons, peut-être pourrons-nous nous en sortir, avançai-je péniblement dans le vague espoir de le voir me proposer une quelconque solution.
— Vous rendez-vous enfin compte que vous n'avez pas le droit de travailler ni légalement ni au noir, répéta-t-il encore à l'être têtu que j'étais. On ne vous aide pas afin que vous fassiez des économies! Ce n'est pas là notre politique. »

Franz était au bord de l'apoplexie.

C'est vrai, pensais-je, vous ne cherchez pas à nous aider mais à nous tenir en sursis pour une sentence fatale. En fait, vous nous aidez afin de vous donner l'illusion que votre travail sert à quelque chose. Mais enfin, où est la saine logique de tout ce déploiement?

Il n'avait pas l'art de la télépathie et je n'avais pas le droit de m'exprimer librement.

« En fait, si je comprends bien, notre situation est vraiment sans issue, lui dis-je.

— Essayez plutôt de voir si on vous accepte dans la catégorie des réfugiés. »

Il avait le ton hostile, fermé des mauvais jours. Alors je compris et n'insistai plus. Franz en avait fini avec moi cette matinée.

C'était comme si une porte venait de se refermer sur le seul, l'unique rai de lumière qui donnait sur le monde normal, sur le monde de ceux qui ont des papiers, délestés du souci immédiat de ce que sera leur lendemain. L'épisode du cauchemar allait à nouveau reprendre ses droits sur nos vies, plus anonymes, plus effacées que jamais. Les mots humains, créés pour le besoin du commun des mortels, ne s'appliquent pas aux réfugiés illégaux dont personne ne veut. Il en faut d'autres, spéciaux, précis, différents.

Il fallait vivre, respirer, tenir le coup, ne pas dégringoler la pente du moral, s'occuper des enfants, courir d'un organisme à l'autre, braver le froid et surtout chercher l'issue miraculeuse pour partir... partir ailleurs, n'importe où, quitter la terre autrichienne dont le sol affichait complet, du moins pour nous.

Et voilà que les enfants tombent malades. Fièvres, vomissements, délires et maux de tête. J'ajoute à mes compétences de mère celle de guérisseuse, y joignant amour et prière pour que la maladie passe sans trop de dégâts. Nous n'avions pas droit aux soins médicaux et, croyez-le ou pas, encore moins le droit de demander pourquoi.

L'assurance, quant à elle, est un mot qui se paie six mois à l'avance. Parfois, Franz nous envoyait chez des médecins bienveillants qui, de leur propre chef, acceptaient d'offrir des services gratuits aux démunis; quant aux médicaments, nous devions nous les procurer au prix exorbitant de la pharmacie ou nous en passer. Alors nous nous en passions la plupart du temps, convaincus que notre organisme ferait le reste.

L'hôtel de Neustiftgasse ressemblerait plutôt à une gare où s'entrecroisent de multiples visages aux destins toujours différents dont aucun ne peut être enviable. Pourtant, l'amitié peut naître partout où des cœurs sont là pour la cultiver, lui donner la lumière nécessaire pour éclore. Je me rappelle bien nos amis. Je me souviens de Ryma la jeune Syrienne et de son mari libanais, fuyant la dictature militaire et enjambant des dizaines de frontières sans passeports!

Je me souviens de Nora, mon amie tunisienne. Elle avait bravé l'intolérance aveugle des autorités de son pays, traversé tant de pays pour rejoindre son mari au fin fond de l'Europe de l'Ouest. Il y avait encore Yacine le Tunisien qui n'avait pas perdu de sa noblesse d'esprit même après tant d'années de misère et d'exil. Les femmes albanaises, moins résistantes celles-là, avaient fui le Kosovo, entraînant leurs pauvres enfants anémiques et attendant le miracle d'un asile politique.

Les déserteurs, énigmatiques, prudents, ne communiquaient jamais avec nous.

En fait, nous savions peu de chose les uns des autres et c'était mieux ainsi.

Monsieur Herz était notre phare. Dans la pénombre de nos jours uniformes, nous gravitions autour de lui incessamment. Tout le monde l'aimait. Il savait nous épauler, dire les mots justes que l'on attendait, distribuer des sourires avec une étonnante gratuité. Alléger le grave, remettre au lendemain d'un revers de la main un souci qui nous paraissait énorme. La vie promettait d'être heureuse à l'entendre tout ramener au relativisme. C'était un homme instruit, éduqué, riche, qui dégageait une grande noblesse d'esprit. Je l'admirais pour sa force positive face à la misère quotidienne qu'il côtoyait et qui n'entamait pas sa foi en nous, les nécessiteux. Il n'affichait pas ce mépris que je reprochais à notre conseiller. En sa présence, nous nous sentions bien, heureux. Il lui suffisait de nous assurer que tout allait se résoudre pour le mieux et nous nous mettions aussitôt à échafauder des mirages de départs et de recommencements dans un avenir qui enjambait la peur, les papiers, la faim, la pauvreté, les attentes, les procédures administratives et la *Fremdpolizei.*

Le froid mordait dans la nature pour mieux marquer l'hiver. Mais nous n'avions froid que dehors. Par ces matins-là, Dan et Amira partaient à l'école afin de s'appliquer à apprendre la langue allemande. De mon côté, j'allais donner au jour une vraisemblance de vie. Il fallait absolument bouger chaque jour pour faire naître le miracle. L'amadouer. Lui rappeler que nous avions parié gros sur lui et que nous étions assez fous pour croire en lui encore. Nous étions tenaces par obligation et de caractère. Souvent nous allions, Nadir et moi, demander des conseils juridiques dans l'un de ces nombreux bureaux de réfugiés. Nous espérions rencontrer un avocat qui en connaissait un peu plus long sur les lois du droit d'asile ou sur un moyen quelconque de nous en sortir légalement. Mais les réponses que nous récoltions étaient invariablement les mêmes. Nous avions beau chercher la faille dans le système judiciaire afin de le contourner, nous sortions toujours démoralisés de ces entrevues avec la nette impression d'avoir commis un crime impardonnable en déambulant d'un pays à l'autre à la recherche d'une terre d'asile. « La loi n'a vraiment rien à voir avec la justice ni le bon sens », finissions-nous toujours par penser.

Graduellement, la vie devenait intenable. Nous avions toujours faim et honte d'en parler. L'argent destiné à nous nourrir servait souvent à l'achat de médicaments, de chaussettes, de timbres pour les lettres que l'on expédiait désespérément aux divers bureaux d'emploi canadiens dont nous nous étions procuré les adresses, par la poste, au bureau de la Délégation du Québec à Paris. Nous quêtions de l'emploi dans un pays que nous ne connaissions même pas, mais, croyant au miracle, nous ne reculions devant aucune tentative. Qui sait, nous disions-nous, peut-être qu'un employeur nous embaucherait et nous ouvrirait ainsi le passage dans la mer. Car il faut que l'homme croie à ses rêves pour qu'ils prennent corps et se réalisent. Nous avons troqué beaucoup de lettres contre de la nourriture. Nos sacrifices n'étaient même pas payés de retour; les rares réponses que nous reçûmes furent invariablement négatives : l'emploi au Canada était réservé aux Canadiens et aux résidents permanents. Logique!

Le soir tombait à cinq heures déjà et j'allais longer les murs du quartier populaire où nous habitions, noyée dans mon vieux manteau bleu nuit à la recherche du savoir. Apprendre l'allemand. Je m'imposais ce défi afin d'éprouver ma résistance, de renforcer mon immunité mentale. Monter aux gradins supérieurs, là où l'homme libre n'a pas besoin d'autrui pour s'exprimer. Pour escalader une montagne réputée difficile, il faut en contourner tous les flancs afin d'en découvrir le plus vulnérable. L'esprit de l'homme prévaut sur tout, même sur le gigantesque.

Les premiers jours avaient été très difficiles. Il fallait forcer mon cerveau adulte, cinq jours par semaine, trois heures d'affilée, à absorber une langue étrangère, au sens propre et figuré! Je peinais lamentablement sur la prononciation, comprenais à peine les textes, mais je ne lâchais pas.

Puis le besoin de travailler devint si impérieux que nous nous mîmes à chercher partout, mais dans la plus grande discrétion. Nadir réussit à trouver de la besogne dans un chantier de construction. Afin qu'il exerce dans un cadre légal, le patron entreprit de lui remplir des formulaires pour le bureau d'emploi. D'habitude, il fallait quelques mois pour être fixé; la première réponse était souvent négative; cependant, lorsque l'employeur insistait pour le maintien de son ouvrier, la cinquième tentative pouvait être couronnée de succès... C'est sur cet infime espoir que nous tablâmes.

En fait, c'était un vrai labeur, tout désigné pour les plus déshérités du système.

Il fallait transporter de lourds matériaux de construction d'un étage à l'autre, fixer des faux plafonds, traîner dans le plâtre et respirer la poussière toute la journée. Néanmoins, Nadir eut vite fait de perdre ce boulot, grâce à la conspiration d'un compatriote qui fit de son mieux pour l'en expulser, imaginant toutes les intrigues possibles pour y arriver. Cela aussi, je me le rappelle comme si c'était hier.

Hasso était un grand gaillard hargneux de trente-huit ans. Sa femme, tout en nerfs, était constamment inquiète, agitée et fiévreuse. Ils entraînaient dans leur tragédie deux beaux enfants comme des figurants nécessaires. Contrairement à son mari, Dania cherchait constamment du travail, peu importe lequel, pourvu qu'il débouchât sur la possibilité d'obtenir des papiers, lesquels lui assureraient un quelconque statut, provisoire mais légal. Obsédée par la précarité de leur situation et la peur d'être expulsés un jour ou l'autre de ce pays où elle entrevoyait enfin une amélioration possible de leur sort, elle n'hésitait pas à employer tous les moyens pour y parvenir. Quant à lui, je le percevais plutôt comme un personnage fanfaron, foncièrement négatif, la bouche débordant de critiques acerbes et méchantes à l'égard des uns et des autres. Parler de son glorieux passé de patron de café, là-bas dans son village, lui permettait sans doute de sauvegarder son estime de soi. Il avait l'art monumental de rapetisser les gens pour se sentir mieux. Sa femme m'avouait souvent ne pas le supporter et devoir éviter sa compagnie à cause de sa hargne et de ses remarques désobligeantes.

Je les revois ce premier jour de leur arrivée à l'hôtel. Ils nous donnèrent cette poignante et vive impression d'avoir échappé de justesse à un camp de concentration serbe. Nous les reçûmes avec toute la délicatesse que nous crûmes nécessaire, bûmes du café ensemble et échangeâmes quelques mots sur les horreurs de la guerre, unique sujet commun à tous. Plus tard, il s'avéra qu'ils venaient d'une région obscure de Serbie, zone floue qui n'a jamais été déclarée du côté de l'ennemi ou de la victime. Ils étaient là parmi les premiers arrivants, poussés par des raisons plutôt économiques que par la crainte de la guerre qui prit de l'ampleur bien plus tard. Ils demandèrent asile au gouvernement autrichien et essuyèrent deux refus. Puis, ils visitèrent un peu le pays, apprirent quelques mots d'allemand et tous les rouages de la loi concernant les réfugiés. Loin d'être des victimes de guerre au sens propre du terme, ils représentaient cette catégorie de familles qui cherchent humainement à échapper à la crise économique d'un pays en débâcle plutôt qu'à autre chose.

Hasso prit l'habitude de venir voir Nadir. Un jour, il le pria de le présenter au contremaître du chantier. Quelques jours plus tard, ils travaillaient ensemble. La qualité de leurs relations s'en ressentit, devint déplorable, voire malsaine, et elle m'inquiétait. Mon mari ne m'en parlait pas, mais je le sentais taciturne, malheureux.

Ce qui me choqua par la suite, ce fut cette absence totale de scrupules qu'ils avaient atteinte. Dania venait souvent se plaindre à moi de tout et de rien, empruntait des ustensiles, puis s'en allait rapidement, un sourire espiègle éclairant son visage. Elle appelait ça se débrouiller. En fait, tout le monde devint son ami, car elle avait l'art de plaire et de flatter avec légèreté. Vive, inconséquente, elle usait impunément des uns et des autres pour arriver à ses fins, quitte à brouiller les gens entre eux. Ils n'hésitèrent pas à inviter plusieurs fois le contremaître du chantier à dîner, ce chef dont dépendait le sort de Nadir, étalant indécemment leur misère à ses yeux et offrant leur hospitalité en guise de servile reconnaissance. Un jour d'orage, ils fomentèrent une terrible histoire qui rendit le contremaître fou de colère. Il vint taper à ma porte dans la ferme intention de lessiver son ouvrier. Par bonheur, Nadir n'était pas là, ce qui lui évita une pénible humiliation. Le contremaître mordit à l'hameçon, exauçant ainsi leur vœu et payant à sa façon les repas dégustés. Hasso parvint à supplanter Nadir et à s'approprier son poste. Le lendemain de son expulsion, ils nous tournèrent ouvertement le dos et nous devînmes des ennemis déclarés. Cette misère de l'esprit, cette dégradation morale, je la supportais beaucoup moins que toutes les privations réunies.

Cependant, le mal ne paie pas. Pas longtemps, en tout cas. Quelques mois plus tard, Nadir rencontra Hasso déambulant dans les rues viennoises. Il cherchait du travail de nouveau.

Le temps semblait s'être figé sur nos destins, avançant avec la lenteur inexorable du désespoir. Les jours qui suivirent, Nadir courut d'un bureau d'embauche à l'autre à la recherche d'un emploi, quêtant l'impossible à l'instar de milliers de personnes tout aussi nécessiteuses que lui. En vain. Contrairement à la mienne, sa dépression était silencieuse, tenace, plus profonde, fugueuse et elle ne connaissait pas de répit. Mais nous étions tous candidats fragiles. Le moindre souffle pessimiste, le moindre événement, banal pour les autres, pouvait nous plonger dans cette insondable noirceur, ce puits sans fond. J'ai beau essayer d'expliquer, au détail près, l'état des choses dans cette douce capitale, le climat en est indescriptible.

Afin de comprendre la poignante tristesse, la sombre réalité des réfugiés qui longent leur propre vie comme des fantômes, il ne suffit pas de transiter à Vienne en touriste, il faut y vivre de plus près, côtoyer le morne quotidien, lire les journaux, faire un tour du côté des bureaux de la *Fremdpolizei* où les visages des réfugiés sont soudainement figés par la peur viscérale d'une décision qui les condamnerait à quitter le territoire, visiter les centres d'emploi bondés d'une foule anonyme venue d'Europe de l'Est ou d'Afrique mendier un bonheur interdit.

Il faut respirer Vienne dans ses artères, comme nous le fîmes, pour apprécier à sa juste valeur la vie, minute par minute, voir ces jours qui filent et ne reviennent plus. Des jours de jeunesse perdus dans l'angoisse et qui tissent beaucoup de rancœur entre des parents impuissants et des enfants blessés, pauvres et déjà aigris. Il faut avoir frôlé des réfugiés, avoir bu la couleur terne de leur regard perdu dans la guerre qui a fait éclater leurs demeures, leurs espoirs et leurs souvenirs pour savoir ce qu'est souffrir sans être mort.

Nadir, naguère enfant unique et choyé dans le beau climat cossu de Zagreb, était pauvre, orphelin, errant à la recherche d'un point de repère, tout simplement. Il s'accrochait aux gens pour ne pas perdre le nord, parlait beaucoup pour se soûler, pour croire en lui.

Nous nous disputions souvent, opposés dans nos idées. Il fuyait l'hôtel comme la peste et je lui en voulais énormément. Il n'avait pratiquement aucun contact avec nous. Nous devions nous débrouiller pour survivre émotionnellement sans lui. Il allait consacrer tout son temps à travailler bénévolement pour l'association des Bosniaques. Il en revenait le soir, épanoui. Ce qu'il accomplissait pour les autres le reconstruisait et nous éloignait inexorablement.

Je finis par dénicher un travail de femme de ménage chez une psychiatre.

Nous convînmes d'une somme de quatre-vingts shillings par heure et du coût du billet de transport. Le premier jour, le peu d'allemand que je parlais ne me permit pas d'expliquer clairement à la servante de Madame qui j'étais et ce que je venais faire chez elle. Elle me scruta longuement, puis secoua la tête en me répondant :

« Je suis désolée, Madame ne m'a absolument rien dit... »

J'expliquai encore, cette fois en anglais. Elle comprit encore moins et se tourna vers une jeune fille qui se trouvait dans l'appartement. Celle-ci lui traduisit mon message. Nadir, qui m'accompagnait, perdit patience, me demanda de couper court à la conversation et de rebrousser chemin.

« Partons! T'as rien à faire ici. »

Cependant, je me révoltai. Je ne voulais pas lâcher prise. J'avais la nette impression que la servante était parfaitement au courant de mon arrivée, mais, pour une raison que j'ignorais, feignait de n'en rien savoir. Je voulais absolument réussir à m'imposer. Elle finit par céder, me donna un seau, un balai, quelques chiffons et m'expliqua ce qu'il fallait faire.

J'allais tomber à la renverse, consternée devant l'étendue physique du territoire à nettoyer. Il y avait les escaliers, trois étages, et, au bout du rez-de-chaussée, le cabinet médical de la psychothérapeute. Le choc commença à faire son effet dès le troisième étage. Moi qui pensais travailler dans le cadre discret d'une résidence privée, à l'abri des regards, je me voyais le dos ployé sur les marches que même les chiens salissaient, m'effaçant sans mot chaque fois qu'une personne montait ou descendait!

Je n'oublierai jamais. Un rire nerveux me secoua. Un de ces rires dangereux qui annoncent l'orage des larmes. Les souvenirs, pêle-mêle, venaient alimenter ma douleur. J'étais agenouillée sur une marche et frottais le sol en pensant à mon père qui avait tant peiné pour que j'apprenne à lire, à écrire, pour que je sois instruite, que j'échappe à la misère, et voilà que je m'avilissais, détruisant ses années de labeur et de rêves sur les escaliers viennois. Je serrais la rampe pour arrêter le déluge des larmes qui m'affaiblissaient; j'avais peur qu'un résidant s'en aperçoive. Je fis trois heures de ménage d'affilée. J'en fus totalement exténuée.

Avec les trois cents shillings en poche, je n'avais qu'une idée : acheter de la nourriture, beaucoup de nourriture pour mes enfants! Ce travail me répugnait au plus haut point. Cependant, la joie de mes enfants à la vue de tant de bonnes choses à déguster m'encouragea à me présenter quinze jours plus tard au seuil de la même demeure. J'eus beau sonner, personne ne m'ouvrit la porte. Honteusement soulagée, je revins à l'hôtel avec la ferme intention de ne plus jamais y retourner.

Novembre 1993

Le rythme de nos jours était scandé des mêmes faits : la convocation de notre conseiller qui devait justifier son rapport mensuel, l'attente stérile d'une réponse miraculeuse d'une quelconque ambassade ou d'un bureau d'emploi canadien, la fausse rumeur d'une loi nouvellement promulguée en faveur des réfugiés, puis la descente du jour blafard dans une nuit de plus dans l'hôtel. Toutefois, il y avait pour moi la salutaire échappatoire : mes cours d'allemand.

Non seulement j'y apprenais la langue, instrument par lequel je recouvrais une partie de ma dignité brisée, mais j'y côtoyais d'autres personnes tout aussi infortunées que moi, venues d'un pays que la guerre et la haine avaient détruit, courbant l'échine pour réapprendre un semblant de vie jamais égal à celle qui avait été un jour la leur. Nada était une grande dame énergique et intelligente. Enseignante au primaire en Bosnie, elle avait dû fuir sa ville, sa maison, quitter ses deux filles afin de trouver refuge en compagnie de son mari dans les sous-sols humides de Vienne. Elle nous racontait, avec le sourire désabusé de ceux qui n'ont plus rien à perdre, la vie qu'elle avait laissée là-bas chez elle, dans sa belle villa fendue en deux par les bombes serbes. Elle évoquait ses chambres, empruntait les couloirs, contemplait les meubles, caressait mélancoliquement les souvenirs, puis, raisonnablement, revenait à sa réalité, avec ce sourire si beau, intelligent, brave de ceux qui sont très riches du cœur. Elle se plaignait des douleurs physiques dont elle souffrait depuis qu'elle était obligée de faire le ménage dans les bureaux de la capitale autrichienne. Mais ses plaintes étaient presque des constats neutres qui n'entamaient pas la beauté de son courage.

Il y avait d'autres réfugiés, plus distants. Des ingénieurs, des médecins, des jeunes, des vieux : tous avaient en commun le même destin. J'étais acceptée par certains, ignorée par d'autres. Après tout, je n'étais pas bosniaque... Je ne cadrais pas tout à fait dans le décor. Mon histoire était différente. De tous, c'est Nada qui devint ma grande amie.

Décembre 1993

En dépit de notre dénuement, nous avions des moments de joie. Les fêtes de fin d'année se succédaient. À Noël, les enfants de l'hôtel eurent droit à des sorties organisées en ville, des spectacles gratuits, des repas chez McDonald's, des sacs de friandises.

Les dons de particuliers pleuvaient de toutes parts. Certaines personnes achetaient de très beaux cadeaux et venaient personnellement les offrir aux enfants victimes de la guerre qui les avait privés de leurs maisons, de leur pays et souvent de leur famille. Gagnés par cette euphorie du moment, les parents vivaient l'oubli de leurs soucis et profitaient de cette trêve. Du reste, la plupart des administrations, même celles des tribunaux et de la police, ralentissaient leur travail, offrant ainsi un sursis aux plus menacés de nous tous.

Quant à moi, je finis par me dénicher quelque chose d'intéressant en toute discrétion. Je m'étais trouvé un autre emploi de femme de ménage chez un vieux couple aisé dans les collines verdoyantes du quartier chic de Grinzing. J'avais suivi une filière d'embauche d'un genre particulier. Une espèce d'agence basée sur l'exploitation éhontée des pauvres. Elle plaçait l'ouvrier dans des foyers autrichiens, percevait le chèque du client, et remettait au travailleur ce qu'elle voulait bien lui concéder. Cette entorse à la loi et à la morale, peu d'honnêtes chrétiens la connaissaient. J'expliquai donc la chose à ma patronne. J'ai trouvé les mots nécessaires pour lui brosser le tableau des vautours qui leur envoient des illégaux comme moi et déduisent un pourcentage sur leur gain. Elle en fut baba.

Puis je lui suggérai de me payer cash tout en déclarant à l'agence de placement qui m'avait référée qu'elle m'avait renvoyée pour incompétence. Madame Pranzl en gloussa de ravissement. Voler un voleur n'est guère un vol, sauf au sommet d'un idéalisme absolu. D'autre part, il fallait absolument que mes chefs n'en sachent rien, sinon nous risquions d'atterrir sur le trottoir du jour au lendemain. Ainsi, je fis en sorte de ne jamais sortir les mêmes jours à la même heure.

Madame Pranzl était une élégante dame de soixante-douze ans, dotée d'une incroyable agilité spirituelle, d'une délicatesse et d'une gentillesse incomparables. Elle m'avait reçue avec tact, ne dédaignant ni mon accent ni la pauvreté de mes connaissances en langue allemande. Dès le début, je lui avais expliqué ma situation. Je craignais qu'un geste malheureux ou une interprétation erronée de sa part ou de la mienne ne viennent compliquer les choses et mettre fin à notre accord.

« Madame, avais-je dit, je suis une réfugiée, sans droits, sans papiers. Je suis obligée de travailler illégalement pour permettre à ma famille de survivre. Je suis enseignante de profession, je parle quatre langues. Mais en Autriche, tout cela ne me sert à rien. Je suis en train d'apprendre l'allemand, mais je ne comprends que les phrases simples. Si j'omets de faire quelque chose, dites-le-moi. Je ferai de mon mieux pour vous satisfaire, il y va de mon intérêt. »

Elle apprécia ma franchise, puis m'expliqua les tâches à accomplir. Ensuite, elle me remit tout un attirail d'appareils ménagers très sophistiqués et me désigna l'armoire où elle entreposait les produits d'entretien. Mon travail allait être une partie de plaisir comparé à celui de la femme de ménage traditionnelle!

Le couple possédait une magnifique maison dont les fondations jaillissaient du roc solide d'une belle colline et dont la conception avait été entièrement pensée par l'homme, ingénieur en architecture. J'aimais cette demeure pour cet aspect de rusticité naturelle qui épousait avec harmonie le cadre dans lequel elle était bâtie. Tout autour de ce havre féerique s'étalait, somptueuse, une forêt de conifères où, cyprès, sapins, ifs, cèdres, mélèzes et séquoias rivalisaient de beauté. Leur exquise senteur affluait par les nombreuses portes-fenêtres, stimulant les sens engourdis et imprégnant l'atmosphère des lieux à longueur d'année.

Richement meublé, le premier étage comprenait une salle à manger dont les magnifiques meubles rustiques revêtaient la texture incomparable du bois noble. Un foyer en pierre non traitée entretenait continuellement une douce chaleur qui se répandait au delà, dans la pièce attenante, immense salon rose et cristal, tapissé d'une grande variété de plantes annuelles. Lorsque j'y arrivais, je respirais à pleins poumons l'odeur enivrante de la résine crépitant dans la cheminée; je marquais une pause devant le spectacle du bois qui se consumait, offrait le meilleur de lui-même à l'homme. Devant mon constant émerveillement d'enfant nourri de contes où la cheminée était l'endroit central de l'histoire, évoquant ainsi chaleur et réunion, madame Pranzl s'extasiait à son tour. Elle avait un bijou de foyer, me disait-elle. Il devait y en avoir une dizaine d'exemplaires dans tout le pays, et l'entretien d'un tel objet coûtait une fortune.

Impeccablement équipée, la cuisine donnait sur un jardin verdoyant, parsemé de jeunes sapins.

Au loin, le panorama des collines enneigées du Grinzing complétait la beauté du paysage.

Sur le même palier se trouvaient encore deux chambres; l'une servait de boudoir, l'autre de chambre à coucher. Le rez-de-chaussée comportait une grande chambre d'amis, une jolie cuisine typiquement rustique et une cave.

Je travaillais dans cette atmosphère feutrée et paisible sans éprouver ce pénible sentiment d'ample désespoir qui m'oppressait les poumons la première fois chez la doctoresse. Au bout de mes quatre heures de travail, elle me tendit un billet de cinq cents shillings. Je la remerciai en souriant, sans commentaire aucun. Elle parut légèrement surprise et me demanda si j'étais réellement satisfaite du salaire. Je lui répétai ma satisfaction. Ce fut sans doute le premier bon départ qui tissa une réelle amitié entre nous.

L'argent gagné chez Madame Pranzl améliorait grandement notre situation. Je ne me sentais plus aussi inutile ni coupable. Peu à peu, j'appris à aimer mon travail.

Je l'exécutais de façon aussi consciencieuse que le plus beau des métiers, car j'y puisais un sens à ma vie. Là dans cette maison, je n'étais pas anonyme et mon passage était visible chaque jeudi à dix heures du matin. On m'y traitait avec respect. Bientôt, nous prîmes l'habitude de boire un café, manger un morceau de gâteau dans la cuisine et papoter un peu.

Quelques semaines plus tard, je décidais d'économiser mes précieux honoraires sur un carnet d'épargne et de n'y toucher qu'en cas d'absolue nécessité.

La vie réussit son miracle au fond des tunnels, des prisons, dans la misère et dans l'insoupçonnable désespoir. Il faut avoir vécu cela pour le comprendre. Et je l'ai vécu. C'est l'esprit, cette entité vivante d'où émane la volonté de soulever n'importe quelle montagne et de la déplacer ailleurs, ce champion d'adaptation, qui dompte la nature physique et psychologique de l'être et la situation qui l'emprisonne, afin de parvenir à s'accommoder d'une existence jamais imaginée auparavant, puis d'en triompher au profit d'une existence meilleure, plus riche.

Janvier 1994

L'hiver apporte plus de froid, mordant, glacial, coupant. Plus de neige, serrée, tourbillonnant et fouettant quiconque lui offre une parcelle de nudité. La monotonie des jours plats glisse, lentement, amenuisant l'espoir d'une issue. Pourtant nous sommes toujours là et ne lâchons pas. Nous vivons ce parcimonieux quotidien à petits pas, sans faire de bruit. L'habitude des mêmes gestes, des mêmes rituels, des mêmes chemins s'est installée. Nous fondons dans le tas des oubliés et cela nous arrange puisque nous n'avons aucun tracé à suivre. La froidure de l'hiver nous protège de l'impatience de nos bienfaiteurs.

Bientôt, les enfants commencent à parler la langue allemande avec la grâce et la flexibilité toute naturelle que leur âge leur confère. Ils s'adaptent au milieu scolaire et s'y sentent mieux. Ils se font des amis, s'aménageant un espace vital en eux-mêmes afin de se protéger. Je les admire pour leur force et leur capacité d'adaptation. Leurs jeux, leurs éclats de rire sont pour nous autant de signes de bonne santé. Le reste viendra, nous disions-nous.

Les démarches pour partir d'Autriche vers n'importe quelle destination n'aboutissent nulle part. C'est l'impasse. Une seconde fois, l'ambassade australienne se propose d'accueillir un grand nombre de réfugiés sur ses terres lointaines, mais ce sera encore un appel à l'intention des réfugiés bosniaques, pour la plupart des musulmans. Or, peu y répondent, pressentant là une volonté planifiée de certains pays d'Europe de les disperser. Leur angoisse de quitter le continent européen pour une contrée si éloignée de leur demeure et de leur famille est du reste plus que légitime. Plutôt que de partir refaire leur vie ailleurs et d'oublier l'horreur, plusieurs ont préféré l'esclavage sous-payé, la précarité, afin de rester à proximité de leurs familles assiégées dans les diverses enclaves bosniaques à la merci des Serbes; ils leur envoient les deniers arrachés à la misère que la guerre enfante. Je les connaissais. Nous les côtoyions. Leur refus de s'exiler tenait des principes de la résistance. Leur façon de rester debout, de défendre leurs terres et le droit d'y vivre, c'était un combat, nous le comprenions sans besoin qu'il soit d'un dessin et nous le respections.

Il n'en allait pas de même pour nous qui, déracinés, avions fermement décidé de choisir une terre d'asile neutre et de nous y établir pour le restant de nos jours. Paradoxale, la vie. Avec le vague espoir d'être enfin admis, nous nous présentâmes de nouveau à ce détestable Service d'accueil. Mêmes tonnes de formulaires insipides à remplir, mêmes données inchangées à fournir, même lassitude ressentie à patienter des heures durant dans ces salles bondées où aucun sourire ne vient égayer le triste visage des apatrides du monde; aucune foi en ces démarches éreintantes. Cependant, nous devions tout essayer, ne jamais abandonner. Une semaine plus tard, nous reçûmes une seconde réponse négative.

Portions-nous ce désir inconscient d'être refusés? Cherchions-nous à l'être? Cette fois-ci, nous nous sentîmes complètement démolis. Ce jour-là, Nadir eut très froid, cette étrange sensation qui naît de la lassitude du corps et de l'esprit, et il m'avoua vouloir dormir, dormir toute la journée afin de fuir le stress de l'incertitude.

Et il le fit.

Maintenant, l'hôtel de Neustiftgasse grouille de passagers anonymes, jamais les mêmes. L'atmosphère est à l'angoisse. Quelquefois, j'ai l'impression d'être dans une gare sordide, irréelle, où l'absence de trains et de mouvements rend très palpable le désespoir des gens qui attendent le dénouement de leur sort. Une vraie gare anonyme, cauchemardesque, où l'on perd soudain de vue le voisin de palier, un matin d'hiver. Parti. Rapatrié. Disparu. Dossier clos... Et pire, la vie grise à laquelle nous tenons encore de toutes nos forces continue quand même. Imperturbablement. Sommes-nous donc tombés si bas, ou alors est-ce cela l'optimum du courage?

Nora, mon amie, attend fébrilement la fin de son procès dont s'occupe Amnistie internationale. Agitée, inquiète, elle passe le plus clair de son temps à courir chez d'autres familles tunisiennes, elles-mêmes réfugiées à Vienne. Le soir, elle réintègre à regret sa chambre avec sa fille. Nous nous réconfortons mutuellement à coups d'optimisme, jetant des ponts magiques, tantôt vers l'Allemagne où elle espère rejoindre son mari, tantôt vers le rivage inconnu d'un pays d'accueil où nous n'aurions plus à nous demander de quoi sera fait le lendemain. Le soir, nous préparons des petits mets épicés et les partageons pour conjurer la pauvreté et la solitude.

Par une nuit glaciale de novembre, Ryma et son mari partirent furtivement, silencieusement, sans prévenir personne, payant un passeur clandestin afin de rejoindre leur famille en Allemagne. Nous n'entendîmes plus jamais parler d'eux. Yacine le Tunisien quitta l'hôtel pour un autre refuge. Et le cercle de nos amis se rétrécit lentement. D'autres familles sont venues grossir le lot des habitants, mais nous nous côtoyions désormais sans nous parler, méfiants, graves, indifférents. Chacun croyant son malheur plus grand que celui de l'autre.

Notre conseiller, quant à lui, se désintéressait franchement de notre cas, qu'il considérait insoluble. Il ne se donnait même plus la peine de dissimuler ses sentiments négatifs ou son indifférence à notre égard. Il n'avait pas cet art, presque inné chez le commun des mortels, et même chez les très jeunes enfants, de savoir remonter quelque peu le moral. Lorsque nous allions le voir à son bureau, pour une quelconque raison, il se mettait complaisamment à nous raconter ses projets personnels, à étaler l'aisance de sa vie et à la comparer impudiquement à la nudité de la nôtre. D'autres fois, il nous faisait part de ses propres tracas financiers. « Malgré nos deux salaires et l'aide de nos parents, disait-il, nous éprouvons des difficultés, ma femme et moi, dans notre confort quotidien. » Il était indécent. Égoïste. Il ne méritait pas le poste qu'il occupait parce qu'il lui manquait une qualité essentielle : l'empathie, cette faculté de s'identifier à son semblable et de ressentir ce qu'il ressent. Je le méprisais en raison de la facilité avec laquelle il usait impudemment de notre infortune pour redorer son image ternie à ses propres yeux. Mais chaque fois que l'occasion se présentait, je lui affirmais que nous réussirions, que je serais un jour une écrivaine digne de ce nom, puisque c'était un rêve que je nourrissais depuis mon enfance. Je le lui disais avec une telle conviction et un si grand bonheur anticipé qu'il en détournait les yeux de gêne. Il n'aimait encourager personne, ce type-là.

Nos démarches piétinent. Nous tâtonnons au hasard, contactant toutes les ambassades à Vienne. Il nous semble qu'aucun pays sur cette immense planète n'est assez vaste ni suffisamment riche pour accueillir une famille de plus en son sein. Tous les chemins empruntés sont des culs-de-sac. Néanmoins, il nous reste à décupler nos efforts pour vivre un invivable quotidien, fait de précarité, de peur et d'incertitude. Tel un dangereux échafaudage bâti sur un terrain glissant, notre vie dépend de la miséricorde de quelques décideurs inconnus à Caritas, à la *Fremdpolizei* et, un peu plus haut, au tribunal. C'est sur cette construction fragile que j'emprunte obstinément le chemin de l'école des adultes, chaque soir, qu'il pleuve, qu'il vente ou qu'il neige. J'y réapprends à rire, ce réflexe perdu. J'y réapprends à me relaxer, ce bonheur longtemps oublié. J'y apprends à respirer ce souffle bloqué dans ma poitrine de peur de déranger la marche capricieuse des choses. L'exploit du réfugié est de composer avec rien pour survivre. De puiser au plus profond de lui-même de très bonnes raisons pour rester debout et ne pas vaciller. De compter essentiellement sur lui-même parce qu'il est invisible; c'est cela le plus dur. De se forger heure après heure de très bonnes raisons pour garder la raison. Un réfugié est un prisonnier libre dans une ville qui ne lui appartient pas et où rien ne lui appartient. Il est le plus démuni de tous les êtres de la planète parce qu'il n'a d'emprise ni sur le temps ni sur l'espace. Déraciné, perdu, ballotté, il est à la merci de tous les vents. Je vous le dis, je sais ce dont je parle. Une des raisons de vivre que je me suis forgée fut justement de sortir de la noirceur de l'analphabétisme. Nous étions traités d'analphabètes, ce qui est pratiquement synonyme de pauvres d'esprit dans la plupart des mentalités.

Ce jugement se lit d'autant plus facilement sur les traits d'un visage auquel votre tête ne revient pas. Alors, comment survivre sans défaillir dans un monde qui vous relègue à la dernière caste de l'intelligence humaine? Difficile. Très difficile.

J'allais à mon cours obstinément, ma santé mentale en dépendait. J'y allais comme le soldat au maquis. Je résistais contre la malchance. J'exerçais mon intelligence au plus haut niveau. Je me disais que ce terrain-là comme un autre devait être l'aire du combat par lequel j'allais d'une manière ou d'une autre trouver le passage, l'issue. Je n'avais pas de projets à long terme. L'immédiat, l'urgent, l'essentiel, c'était de savoir nager dans une mer de mots et d'expressions inconnus. De décoder l'indécodable. De saisir les mots décisifs.

C'était difficile. Je râlais tout bas contre la phonétique ardue de la langue germanique, forçant ma concentration aux limites de la migraine. Je voulais de l'emprise sur quelque chose qui allait me donner un certain pouvoir contre mon état de réfugiée anonyme.

Enfin, lentement, la langue allemande commença à se

frayer un passage au travers des circonvolutions malmenées de mon cerveau rebelle. J'employais des heures entières à résoudre les équations des déclinaisons de la grammaire. Puis, quand le sens jaillissait, lorsque je saisissais l'emboîtement de la structure syntaxique, lorsque je réussissais un bout du puzzle, j'exultais. Souvent, la nuit, la révision se faisait à mon insu. Ce n'étaient à proprement parler ni des rêves agréables ni des cauchemars, mais des devoirs supplémentaires que je répétais, marmonnais, régurgitais, assimilais, domptais. Ma nature de lionne ne m'accordait aucun répit, pas même durant mes heures de sommeil.

Mais il y a des moments de chutes. Profondes crevasses dans un abîme gris nommé dépression.

Je reconnais ces aspérités lorsque, soudain, je perds de vue l'idée principale. Dans ces instants-là une étincelle de folie suggère le saut, le chemin le plus court, avec tous les avantages. Le fil ténu, tendu au maximum, s'étiole et casse.

On le sent au dégoût amer qui monte à la gorge. Au regard que l'on ne peut fixer nulle part sans qu'il vous renvoie l'image de la grisaille uniforme. Au pas qui traîne et rechigne à suivre. Au silence dans la chambre. Au désir de dormir. D'évacuer. De rentrer au plus profond de sa coquille et d'y rester. Le temps se fait palpable et lourd. On a l'impression de sentir les minutes prendre l'ampleur désespérante des heures, surtout lorsque c'est dimanche, en saison hivernale, et que vous n'êtes invité nulle part.

Quand tout va mal, il faut trouver le fétu de paille auquel s'accrocher pour éviter la noyade du moral. J'écris à ma sœur. J'essaie de tracer sur le papier ordinaire des mots qui sortent de l'ordinaire pour briser la carapace de solitude, poser des digues contre l'effondrement. Je force les mots à coopérer malgré l'absence d'entrain. Appeler au secours. S.O.S. J'ai mal. J'ai peur. Je suis orpheline et apatride. Mais non. Les mots plus sages, moins effrayés, diront autre chose. Sortir, aller au hasard des ruelles. Fondre dans la neige qui bat son plein et s'imaginer léger et sans contrainte. Souffler dans la nature, se désintoxiquer de l'angoisse qui plane dans l'hôtel et se transmet comme la peste entre nous. S'échapper quelque part, n'importe où, aller au gré de la peine, pouvoir pleurer sans devoir justifier le déluge de ses larmes.

Le pire, c'est la rupture volontaire entre les miens et moi, cette cassure inégale de nos relations. J'avais choisi de leur épargner les détails de notre échec, ce rêve suédois transformé en chimère. Autant que je me souvienne, j'ai toujours pleinement assumé mes douleurs dans le silence, car la distance déforme et amplifie souvent ce qui n'est que passager et éphémère. Souvent, j'imaginais mes parents désemparés à l'idée de mon propre désarroi et cette simple éventualité arrêtait l'élan impulsif de prendre le téléphone et de tout y déverser. Ils en savaient bien peu sur nous. Et c'était mieux ainsi.

À l'hôtel, nous ne bénéficiions pas du luxe d'un soutien psychologique. Nous devions créer notre propre cellule d'urgence et nous débrouiller pour nous entraider. C'étaient des groupes formés de façon spontanée entre les personnes de même appartenance. Nos moyens rudimentaires mais pratiques étaient efficaces. Nora nous préparait du merveilleux couscous épicé au poisson; nous nous en léchions les doigts. Elle aimait nous gâter et nous surprendre. Yacine nous offrait du pain frais obtenu gratuitement dans une boulangerie comme surplus. Quelquefois, je gardais la fille de mon amie lorsqu'elle éprouvait le besoin de souffler et de sortir seule. Ce n'étaient guère que des gestes simples, des marques ordinaires d'attention que dans la vie quotidienne nous n'apprécions pas toujours à leur juste valeur. Mais à l'hôtel, chaque parcelle de bonheur compte et s'attrape au vol. Rien ne se perd. Rien n'est assez inestimable et tout nous construit pour résister aux coups du lendemain. Si bien que l'absence de l'un de nous est vite appréhendée.

Ce fut en janvier que je décidai de tout relater à ma sœur. Je lui résumai l'histoire de notre rêve et le résultat de notre pari sur l'improbable. Depuis, elle ne cessa de m'écrire. Elle disait que j'étais l'enfant prodige de la famille, la plus téméraire de tous et que je n'avais de choix que de réussir. Bien entendu, j'aimais ses propos. Ils m'encourageaient à m'accorder encore du crédit à mes propres yeux. Elle s'avançait même jusqu'à affirmer qu'elle m'admirait. J'eusse tellement aimé qu'elle vît dans quel bourbier je m'étais engloutie pour échapper à la misère humaine qui nous menaçait là-bas. Oui, je reconnais avoir toujours été une fonceuse, continuellement à la recherche d'un défi à relever, mais mon échec bouchait mon horizon, minait le peu d'estime que je m'accordais, m'ébranlait le moral. Je ne voyais pas de lumière dans le puits sans fond où j'habitais.

Elle m'écrivait, elle qui n'aimait pas particulièrement étaler les mots sur la blancheur immense des feuilles, et je collectionnais comme une prisonnière ses lettres ornées de timbres français. Nous nous racontions nos misères et nos joies, cela se diluait ensemble pour ne faire qu'une bouillie de destin, somme toute, pareille aux milliers d'autres destins anonymes. J'arrivais même à la faire pouffer de rire au téléphone lorsque je déformais mes messages anxieux en blagues cocasses; elle comprenait ainsi que je ne voulais que me vider, pas lui remettre la responsabilité de m'imaginer des solutions.

Puis, nous établîmes, mon jeune frère et moi, notre premier contact téléphonique. Je suffoquais littéralement à l'écoute de sa voix douce et apaisante :

« Tout ira bien, ma sœur, je te le promets, me disait-il. Je t'aiderai. Je serai là. »

Mon frère est spécial. Il a toujours eu l'art de dire les choses de telle manière que tout un pan obscur de ma vie en devient soudain éclairé. C'est un éclaireur de la cité de l'Espoir. D'abord, il sait écouter. C'est une inestimable qualité que peu de gens détiennent. Je l'imagine, comme chez nous, avant, lorsqu'il venait du fin fond du sud algérien me rendre visite, la tête légèrement penchée de côté, attentif, comme pour mieux se concentrer. Tout son être respire la paix.

Analyste très fin, mon frère a l'art de décortiquer les problèmes un à un comme des fils enchevêtrés sans en casser aucun. Si bien qu'ils en deviennent moins menaçants, à la portée d'une humaine solution. Il sait placer les choses là où elles doivent figurer avec leur valeur relative et les dénuer de leur pouvoir paralysant. Pratique, il propose des solutions dont il se fait souvent garant, sans jamais rien demander en retour. Ainsi, lorsqu'il promit de m'aider, je sus que je n'allais pas perdre mon combat.

« Je t'aiderai, je l'ai promis à maman. Sois tranquille. »

Février 1994

L'hiver est encore maître des lieux. À nouveau, les enfants tombent malades de ces grippes assassines qui guettent les corps fragiles. N'osant plus demander secours aux responsables de l'hôtel, je les soigne au miel et au citron, ancienne recette maternelle ayant fait ses preuves. Comment ai-je tenu bon dans ces moments-là, regardant impuissante mon fils délirer dans sa sueur, le corps brûlant? Comment ai-je traversé ces nuits de peine où seuls mes bras servaient de remède à mes enfants affaiblis? Je n'en sais rien. Nous n'avions aucun droit. Seulement des possibilités, glissantes, versatiles, improbables. Quelquefois, l'une de celles-ci nous acheminait vers un docteur au cœur bienveillant qui pouvait même nous refiler quelques échantillons de médicaments... Mais c'était rare. Nous étions trop nombreux à tendre la main...

Puis, ce fut au tour de Nora de braver la fièvre. Elle qui incarnait le dynamisme au sens littéral du terme, se vit contrainte de garder le lit durant quelques jours. En fait, une véritable épidémie de grippe s'empara de nous, terrassant impitoyablement tout corps propice. Lui consacrant un peu plus de temps que d'habitude, je lui préparais des tisanes et des soupes qu'elle arrivait difficilement à avaler.

Puis je partais vite. Je m'en allais n'importe où, évitant la léthargie à tout prix, car elle ankylose quiconque s'y livre un peu trop longtemps. Qu'il pleuve, qu'il vente ou qu'il neige, chaque jeudi j'entreprenais mon pèlerinage chez Madame Pranzl. Réflexe vital, indispensable, libérateur. Lorsque je prenais le métro, je m'évadais pratiquement de ma peau de réfugiée et devenais une personne vivante, capable, autonome, agile.

Peu importait que je connaisse la destination finale de mon voyage; là-bas dans la jolie maison cossue et tiède m'attendait un travail abrutissant que j'exécutais machinalement, sans y consacrer un dixième de mes pensées. Mes pensées, elles, audacieuses, intrépides, infatigables, fureteuses, tissaient d'autres chemins plus aériens, cherchant continuellement l'issue, cette faille à travers laquelle il nous faudra entrer finalement dans la lumière des autres, les légaux.

C'est grâce à cette heureuse scission du corps et de l'esprit, à ce double travail harmonieux du corps assoupli et docile qui n'emprisonne pas inutilement l'énergie dont j'ai besoin pour explorer les moindres recoins du Possible, que je sortais toujours souriante, satisfaite et positive de chez ma patronne.

Jusque-là, je ne savais pas comptabiliser les gains et les pertes de chaque effort quotidien que j'entreprenais et, chose plus importante, les bénéfices à long terme de ceux-ci. L'expérience amère de la suffisance bien humaine dont je fus longtemps insufflée, celle qui nous pousse à croire que nous méritons un bien meilleur destin que celui qui nous étouffe, qui nous fait passivement attendre le bonheur au lieu de le créer de toutes pièces, m'a appris le sens sage, aigu, précieux, inégalable des valeurs. Celles que l'on acquiert très durement, dans la solitude, l'anonymat, à la sueur de son front.

Je commençais à croire au pouvoir de la volonté. Je commençais à découvrir l'énorme force que peut libérer n'importe quel être humain résolu à changer sa vie en y mettant le prix et le temps qu'il faut. Peu importe par quel bout commence la fourmi résolue à s'approprier la feuille qui représente dix fois sa taille. Elle finira par la morceler et par la déplacer. Cet énorme gain, l'insecte tenace y a consacré des stratégies, du temps et de l'énergie. Mais à la base, il possédait la détermination inébranlable, quasi totale d'y parvenir.

Il y parvient régulièrement, entraîné à cette besogne depuis la nuit des temps, car sa survie en dépend. Cette survie fait partie de son bonheur et il s'attache à le créer. Telle ma petite amie, je savais qu'un jour viendrait où je dirais adieu de façon tranquille, posée et définitive à Madame Pranzl. J'irais ailleurs dans ce vaste monde auquel j'ai aspiré depuis ma tendre enfance pour faire autre chose avec une soif d'apprendre et de découvrir toujours inassouvies. J'en avais l'absolue conviction. Grâce à cette certitude, doublée de mon inébranlable foi en Dieu, je suis restée entière malgré tout ce qui contribua à vouloir me faire dégringoler la pente de ma vie, entière et confiante, à l'abri de l'effritement mental et physique.

Je commençais à m'apprendre, chose curieuse, à découvrir ce que je détenais comme pouvoir.

Il m'a fallu traverser des peines et des pays, le plus souvent à pied, pour déceler ma force : la persévérance. J'allais à mon rythme. Il était tantôt rapide, tantôt saccadé, tantôt lent. Mais continuel. Une fois que je désirais ardemment atteindre un objectif, plus rien ne m'arrêtait.

J'agissais, mue par l'instinct de la fourmi qu'on écrase juste par mégarde; j'agissais exactement comme elle; je récupérais toujours, amochée, fripée et blessée par le passage indifférent des passants, ces autres qui ne sentent même pas la nécessité vitale de ma survie, et je renaissais de mes cendres le lendemain, optant pour ce choix fait depuis longtemps : escalader ma pente, jusqu'au bout de moi. Qui s'inquiéterait d'une fourmi d'un millimètre sur le globe terrestre?

Je n'étais ni plus grosse ni plus visible, encore moins indispensable qu'elle. Cependant nous avions en commun quelque chose, elle et moi : nous connaissions notre mission et nous voulions l'accomplir coûte que coûte.

Mars 1994

Le début du printemps apporta une douce chaleur alentour. L'atmosphère en devenait plus détendue. Il me semblait également que le dégel de la léthargie administrative allait nous apporter quelque espoir. Je me mettais souvent à imaginer les innombrables dossiers d'apatrides et de réfugiés se baladant sans vie et sans consistance entre les mains des agents imperturbables, repus d'histoires sordides, de meurtres, de génocides et d'assassinats collectifs gratuits.

Je les imaginais devenus peu à peu insensibles aux mots les plus forts, les plus crus, à la détresse des autres, sans doute par cet indispensable réflexe humain de conservation. « À leur place, me disais-je, je dresserais peut-être une énorme barrière émotive pour me protéger. Assez haute afin de pouvoir rentrer tranquillement chez moi le soir et survivre au dégoût de vivre. »

Les lois sont là aussi pour contrôler le déluge du malheur sur cette parcelle de la planète qui accueille les démunis, les parias et les intouchables de ce beau monde moderne. Allégoriquement, j'imaginais la terre ployant du côté le plus lourd, celui qui attire tant d'êtres désespérés à la recherche de l'Éden; et chacun, croyant sa vie plus menacée ou plus précieuse que celle des autres, se mettait résolument en route vers cette Europe miroitante d'un bonheur interdit. Quel poids représentait donc notre fragile histoire de famille sans réelle appartenance, déambulant à la recherche d'une identité stable et d'une terre hospitalière? D'abord, il fallait de la place pour les cas urgents, les grands blessés, les veuves et les orphelins; ensuite, venait la catégorie incontournable des réfugiés politiques, ceux dont la tête était souvent mise à prix par leur gouvernement ou qu'on avait condamnés à mort par contumace dans leur pays.

Cette introspection me permettait de comprendre que tout n'était pas si facile, vu d'un autre angle. Je m'efforçais, au sens littéral du terme, de voir les choses autrement qu'en réfugiée.

J'arrivais quelquefois à saisir que l'on ne puisse sauver l'humanité tout entière. Qu'il était naturel, voire logique, qu'il y ait des critères de sélection basés sur d'autres critères de priorité et que l'ensemble de tout le système fonctionne d'une manière bien plus compliquée que nous ne nous le figurions.

Mais enfin, cette lucidité fugace cédait vite le pas au désir furieux, illogique, pathétique, irraisonné d'être dans le lot des chanceux. Il me semblait qu'il y avait quelque part un monstrueux déséquilibre dans le partage des responsabilités sur cette planète, telle cette honteuse injustice qui incombe aux pays en paix de se charger du devoir de sauver les citoyens des contrées en guerre. Je raisonnais, évidemment avec la rancœur et le ressentiment que je nourrissais à l'encontre des dictateurs des pays en dérive, ces criminels de l'ordre, ne pouvant me résoudre à l'idée qu'ils survivent à leurs crimes en toute impunité, gorgés des biens et repus des privilèges dont ils privent leurs semblables.

Quant aux lois, intempestives, boiteuses, érigées souvent de façon arbitraire, elles se sont tellement modifiées, adaptées et recousues au gré des gouvernements chaotiques, faits et défaits à la vitesse de l'éclair, que nul ne peut y recourir avec confiance. Elles ne protègent que ceux qui les ont engendrées. Ces faits, cette évidence, cet affront contre lesquels quiconque ose s'insurger s'y fracasse le crâne et y laisse sa peau.

Alors, plus le temps passait, plus je désespérais. Je me mettais à croire qu'il n'y aurait plus assez de place pour tous. Il fallait donc partir ailleurs, au large d'un autre continent moins chargé et plus prometteur, qui aurait besoin de bras pour le servir, de cœur pour embrasser le vaste de son ciel... Qui sait alors, nous serions enfin les égaux des autres, des voisins, des partenaires...

Progressivement, *partir* devint le verbe sacré, le trajet précis à suivre chaque matin au sortir du sommeil, le devoir à apprendre par cœur jusqu'à la perfection, le levier de chaque geste, chaque réflexion. Il devint la priorité des priorités, le premier en tête de liste de mes objectifs.

Lorsque je conversais, il s'immisçait audacieusement dans mes projets, prenant une place plus réelle que conditionnelle.

Je ne disais plus « Si nous partons un jour », mais audacieusement « Quand nous partirons », ignorant les obstacles imprévisibles, car mon esprit s'exerçait à mon insu à les franchir, infatigablement. Peu à peu, le chemin du départ devint plus évident. Il se détachait du rêve et devenait un fait dont il fallait tenir compte. Oui, nous partirons. Restait à définir la destination. Nadir n'en était pas encore là, attaché au présent, viscéralement.

La vie, imperturbable, continuait son cours. Les lois que l'on espérait voir s'adoucir se durcissaient, inexorablement. Pire, de temps à autre, l'écho d'une expulsion de quelques malheureux fugitifs retentissait dans les couloirs lugubres de l'hôtel aux murs vermoulus de bestioles, comme un glas, nous rappelant sans cesse notre sort commun... Quelquefois il nous semblait vivre dans une prison grise aux frontières indéfinies et notre sentence n'était rien d'autre que l'incertitude du lendemain. Certains connurent une fin tragique, tel ce pauvre jeune Iranien dont personne ne prit l'histoire qu'il racontait au sérieux et qui fut effectivement exécuté, tel qu'il l'avait affirmé aux responsables de l'administration de Caritas, dès son expulsion d'Autriche et son rapatriement en Iran.

Plus près des frontières du monde paisible, il y avait cette guerre en Bosnie, atroce, sauvage, interminable, qui fournissait quotidiennement son lot de victimes, d'histoires horribles d'enlèvements, de viols, d'assassinats gratuits et de contingents de réfugiés brisés et humiliés.

On avait beau se couvrir les yeux et se boucher les oreilles, le mal se déversait impunément des hommes devenus fous. Et il éclaboussait les consciences les plus pures. Dans cet impitoyable climat de guerre fratricide, les familles mixtes éclataient, écartelées entre la honte, le devoir ou le chagrin, et chacun choisissait son front.

Alors, les enfants, ces premières victimes de la chaîne du malheur, se dispersaient aux frontières, enlevés, arrachés, ou se perdaient tout simplement dans la foule des déments. Il y en eut des enfants perdus, tués, volés, oubliés, morts de faim, de maladie, de négligence.

La Bosnie était une véritable plaie saignant au beau milieu du délire européen et nous ne comprenions vraiment pas comment le monde pouvait dormir en paix, dans la chaleur réconfortante de sa conscience, alors que des milliers de voisins vivaient l'holocauste dans le silence complice. Vienne, synonyme pour tant d'êtres humains de beauté et de faste, ne représentait pour tant d'autres qu'un sous-sol humide et répugnant où il fallait se protéger des bombes serbes en attendant le retour au pays, dans un avenir devenu incertain, où la dignité n'était plus garantie.

Avril 1994

Par un tendre jour de printemps, Nadir vint me parler d'un compatriote.

Il l'avait rencontré au hasard de ses interminables déambulations dans les rues viennoises que le soleil commençait sérieusement à chauffer. Bientôt, il se mit à travailler quelques heures pour lui, à l'affichage de diverses publicités. C'était un travail abrutissant, mécanique, mais il se passait dans le vent léger des rues argentées et sinueuses de la belle ville, dans ce mouvement étourdissant et continuel de la foule indifférente et anonyme que Nadir aimait tant.

Le soir, il rentrait comme un petit vieux soudain ragaillardi par l'espoir, les yeux brillant de la malice joyeuse d'un enfant qui a réussi son premier coup interdit. Il comptait les quelques billets froissés sur la table de la cuisine, me racontant en riant l'avarice de son patron.

Chaque schilling qu'il gagnait représentait dix fois sa valeur à nos yeux.

Enfin, nous pouvions manger décemment à notre faim, acheter des souliers d'été, quelques médicaments ou économiser quelques sous. Néanmoins, il fallait être prudents; ce que nous faisions allait carrément à l'encontre de la politique de nos chefs. On tolérait bien les petits écarts, mais il ne fallait pas outrepasser le seuil de la dépendance. Inextricable politique, à mi-chemin entre le possible et l'improbable, nous ne savions jamais ce qu'il était réellement permis de faire, ce qu'il était possible d'attendre, car, anonymes et indésirables, nous n'avions pas de droits.

Les matins printaniers viennois sont d'une beauté insaisissable. Frais, doux, légers, soyeux et tendres comme les premiers jours d'une jeune mariée, ils effacent comme par enchantement les peines et les cicatrices laissées sur le sable des soirées anxieuses lorsque le sommeil tarde à nous emporter. Nous nous levons dans une aura couleur dorée et le ciel semble plus vaste, pur, tiède, prometteur. J'ouvre largement la fenêtre de la cuisine et s'y engouffre aussitôt une divine fraîcheur. Puis, nous nous asseyons tous les deux face à notre café matinal, savourant la tranquillité d'un moment magique. La brise odorante du matin caresse et embaume nos blessures hivernales et nous nous mettons, de nouveau, à échafauder des plans d'évasion. C'est un moment enchanteur de communication. Je saisis l'occasion de relancer l'idée du départ :

« Il faudra refaire une demande pour la résidence permanente au Québec, qu'en penses-tu?

— Oui, nous devons réessayer. Nous n'avons rien à perdre. Écris-leur donc. Précise donc tous nos efforts actuels, comme chercher du travail au Canada, étudier ici. Il doit bien y avoir quelqu'un qui comprendra que nous sommes capables de nous sortir de cette galère.

— L'important est de leur rappeler au moins qu'on existe et qu'on tient plus que jamais à réaliser notre projet de partir. Nous aboutirons un jour ou l'autre.

— Sinon, il nous faudra trouver le moyen de rester ici et légalement, dit-il pensivement. Il n'est plus question de rebrousser chemin. Nous devons absolument nous en sortir. »

Personne, en effet, ne pouvait nous jeter froidement aux frontières de ce doux pays *neutre*, comme des chiens, et tourner le dos, si nous nous y opposions de toutes nos forces. La conviction que nous avions de réussir à escalader l'insurmontable, cette étrange espérance, qui repose plus sur la foi que les faits, nous donnait le courage de rester debout. Et, décidés à nous battre, nous respirions à pleins poumons cet air interdit.

Le soir même, je rédigeai ma lettre. Brève, claire, explicite. Nous attendîmes avec ferveur une réponse qui ne vint jamais. Bientôt, nous commençâmes à considérer cette autre solution, celle-là que Nadir désirait, logée au creux de sa nostalgie : rester en Europe d'où étaient issus tous ses ancêtres, ce dont il n'était pas peu fier. Il aimait souvent répéter que son grand-père était d'origine autrichienne, sa mère, hongroise, alors que son père était né dans les hauteurs zagréboises, cette région de villageois qu'on nommait Zagoria. Je comprenais parfaitement son attachement légitime à ses racines. L'Europe n'a pas besoin de convaincre pour être aimée. Tout y est. Des diverses beautés de ses paysages, à ses innombrables richesses naturelles, culturelles, elle est le berceau des civilisations contemporaines et attire le monde de partout.

Je comprenais l'éclat de ses yeux couleur de mer calme lorsqu'il échafaudait sur d'audacieuses illusions le rêve de décrocher cette légalité chère à tous. Il disait pouvoir travailler tant et si bien qu'un jour nous aurions nos papiers de facto, parce que nous ne devions rien à personne, oubliant que le problème était d'ordre politique et non économique. Politiquement, nous étions indésirables, tout comme l'écume des vagues qui déferlent sur les rivages autrichiens et dont on ne sait plus quoi faire. Je ne disais rien à l'encontre de ce rêve dont je ne désirais pas froisser les ailes. Je ne voulais pas voir cet homme dénué de ses espoirs, car ce serait sans doute ceux-là qui m'emmèneraient là où je souhaitais aller, moi qui ne possédais plus aucun port d'attache, déracinée de manière irrévocable, et qui avais décidé de couper le cordon bien plus par amertume que par indépendance. Aller loin, le plus loin possible sur une terre lointaine où je n'aurais plus à perdre les heures précieuses de ma vie à créer des raisons valables de vivre et des papiers de toutes pièces. Je ne parvenais pas encore à donner de forme à ce rêve auquel personne ne croyait, ténu, improbable, mais vivant telle une idée tenace que rien n'arrive à tuer. J'y croyais au-delà du raisonnable, tout simplement.

À défaut d'un travail gratifiant, d'une vie sociale quelque peu satisfaisante, les cours d'allemand devinrent ma principale raison de vivre. Je m'y accrochais énergiquement. Mon estime de soi y trouvait largement son compte. J'y rencontrais des personnes aussi ambitieuses et capables que moi, mais profondément blessées et inquiètes.

En leur compagnie, je me jugeais moins inutile, moins parasite, moins nulle.

Je m'accordais le bénéfice du doute. Je me disais qu'il y avait sûrement un dénominateur commun entre leur sort et le mien. Je déculpabilisais. Nos histoires, étonnantes, poignantes, tristes, tragiques parfois, se ressemblaient, se recoupaient, se chevauchaient et racontaient notre naufrage commun.

Cette salle de cours recueillait nos confidences, par bribes honteuses, les chutes vertigineuses que nous avions faites pour nous retrouver aux pieds des autres, à tendre des mains calleuses d'un travail insuffisant pour notre survie. Et nos larmes avaient perdu de cette saveur salée du début. Parce qu'on se mettait à rire de gêne tout en pleurant pour que cela fasse le moins mal possible. On parlait tantôt serbe, tantôt croate pour dire le vrai, le plus dur. Quant à la langue allemande, nous la saisissions comme un outil pour nous faire accepter des Autrichiens.

À travers la communication, je pourrais me frayer le passage dans la compréhension du système, des lois. Comprendre du moins globalement le sens d'un texte écrit, d'une situation. Je pourrais poser des questions peu élégantes, boiteuses, mais qui porteraient mon identité, sans devoir avoir recours à un interprète qui déformerait mon message et y refléterait ses propres opinions. Ce que plusieurs font sans vergogne. Être mon propre porte-parole, que ce soit au Bureau des ressortissants étrangers ou ailleurs. Être visible à tout prix.

Au début, Ann, notre professeur d'allemand, n'avait pas l'air de m'estimer.

J'avais la nette impression de l'irriter prodigieusement. Mais il y avait de quoi. Premièrement, je massacrais impitoyablement sa langue maternelle en raison de mon accent méditerranéen. De plus, j'étais une débutante au sens propre du terme. Je parlais mal, je lisais difficilement, je comprenais à peine le sens global des phrases et je ne posais jamais de questions.

En somme, j'étais le cancre de la classe. Elle devait sûrement se demander ce que je faisais dans un groupe, dit avancé, où la plupart pouvaient tenir une conversation de cinq minutes et travaillaient quelque part. Cette insertion dans la société favorisait quelque peu leur apprentissage de la langue bien que la majorité œuvrât dans des hôtels ou des restaurants, accomplissant des tâches abrutissantes, tandis que moi, je retournais à l'hôtel miteux, grisâtre où je reprenais automatiquement mes réflexes de réfugiée.

Mais Ann était un excellent professeur et j'aimais ses méthodes d'enseignement. Elle voulait que l'on réussisse. Elle semblait même en faire une affaire personnelle. Je la sentais fâchée, révoltée par notre condition. Elle ne l'exprimait jamais explicitement, mais je le sentais d'instinct.

Elle s'ingéniait à nous faire parler par tous les moyens. Aucune minute n'était perdue à autre chose qu'à nous hisser du bourbier de l'analphabétisme où nous étions enlisés. Je revois le regard aigu qu'elle promenait professionnellement sur sa classe. Elle ne perdait de vue aucun de nous. Elle abordait sciemment les thèmes qui nous touchaient de près, notre vécu, notre lutte, nos ambitions, et nous finissions tous par réagir avec une dose d'émotion si intense qu'elle nous portait à choisir les mots justes pour nous exprimer. Quelquefois, l'effort de dire ce qui nous tenait à cœur nous incitait à refouler nos larmes. Alors, Ann, dont le visage trahissait très rarement ses émotions, s'adoucissait et se mettait à notre portée. Elle était notre général et nous ses soldats. Elle représentait notre lien avec la société. C'était notre ambassadrice. Nous avions du respect pour elle. Nous l'aimions.

De tous, Nada et moi étions les moins bonnes. Nous trébuchions constamment sur la prononciation des mots ardus de la langue de Goethe comme sur les pierres dures du chemin de notre vie viennoise, mais Ann nous tenait à l'œil, et sérieusement.

Elle nous prévint d'emblée qu'un examen très officiel allait avoir lieu en juin et qu'il fallait le réussir pour obtenir le diplôme permettant d'accéder au second degré de nos études. Puis elle me fixa de son regard sévère, me demandant sans ménagement :

« Voulez-vous réellement continuer à étudier l'allemand, Nadia? »

J'eus l'impression d'avoir été précipitée du haut d'une falaise.

J'eus si mal au cœur que ma vision en perdit un instant de son acuité. Je baissai honteusement la tête et acquiesçai. Je n'eus pas le courage de regarder les autres élèves, encore moins elle. Un instant, je devins un enfant, perdu, sans défense. Je ne pouvais lui expliquer toutes les raisons vitales pour lesquelles je devais réussir à m'accrocher. Il eût été simple et facile pour elle de refuser ma présence dans sa classe. Mais elle me demandait mon avis d'abord.

Pouvait-elle comprendre mon monde, un univers gris, où lutter est le seul mot que l'on distingue clairement dans le magma du brouillard quotidien? Pouvait-elle saisir que toute forme de mouvement est préférable à la léthargie qui est une forme de suicide mental? J'en étais vraiment persuadée. Elle devait savoir qu'au-delà d'apprendre à parler et à comprendre, j'étais mue par l'instinct de conservation qui me poussait vers une sortie de secours, celle par laquelle je trouverais du répit, certaines réponses à mes questionnements, un sens à ma vie.

L'expression de son visage s'adoucit et elle me conseilla :

« Alors, il vous faudra travailler très fort, Nadia. Ce sera vraiment très difficile pour vous de réussir. »

À partir de ce jour, je m'attelai à la régularité. Bientôt, je ne manquai plus aucun de ses cours et j'étudiai à la maison sans relâche.

Mai 1994

Au fur et à mesure que le printemps mûrissait, il semblait raviver nos espérances et décupler nos forces. Imperceptiblement, les choses semblaient bouger, du moins pour certains. Nora eut la joie de rencontrer son mari après des années de séparation et d'exil. Une semaine plus tard, ils prirent le train à destination de l'Allemagne. Le droit d'asile leur était enfin accordé, ils entraient dans la lumière des légaux.

Un curieux vide empreint de tristesse et de lassitude plana quelque temps dans l'atmosphère. Puis la vie reprit ses droits. D'autres remplirent leur espace et nous continuâmes sans eux. Deux familles iraniennes obtinrent leurs visas américains et prirent le chemin tant rêvé de l'Amérique.

L'administration en haut lieu s'employait sérieusement à faire le ménage dans ses familles. On ne pouvait plus passer inaperçus. Le tri se faisait selon des critères totalement inconnus. On n'allait tout de même pas nous informer de cet aspect des choses dont dépendait pourtant tout notre avenir! Nous ne doutions pas de l'intégrité ni de la bonne volonté de certains hommes, décideurs de notre sort. Avoir bénéficié d'un si long sursis n'a sûrement pas été le fruit du hasard. Mais nous n'étions pas dupes au point de nous bercer d'illusions. Toute organisation, quelque caritative qu'elle soit, possède ses lois, ses règles, ses limites. Des démarcations précises, des garde-fous. Mais bien entendu, inconnus de nous, rebuts de la société. Nous informer eût été nous reconnaître des droits, or la charité n'est pas un droit, c'est une aumône. Nous étions ni plus ni moins des indigènes avec la terre en moins, automates, dociles, dépendants débiles d'une curieuse forme de miséricorde que je pressentais loin d'être altruiste... Nous n'avions pas le droit du pourquoi et du comment. Jamais. Et c'est cela qui m'a le plus blessée, humiliée.

On nous nourrissait, on nous logeait, on pensait pour nous. Nous aurions tant aimé être un peu plus valorisés pour moins de nourriture. Plusieurs fois, Michael me remit vertement à ma place pour avoir osé demander des explications. Nous étions des mendiants, la liberté et le vagabondage en moins, des prisonniers volontaires. Les esclaves de la charité. Muselés en pleine démocratie parce que celle-ci s'applique aux vivants et, pour l'être, il faut le prouver, pièces à l'appui. Nous ne pouvions nous targuer de croire que nous contribuions de quelque façon que ce soit à l'amélioration de notre sort. Rien. Nous n'étions sollicités en rien qui puisse juste un peu rehausser la courbe constamment basse de notre moral.

Paradoxalement, nous étions l'essence de ses veines. Elle nourrissait ses beaux principes salvateurs de nos frayeurs, de nos espoirs effilochés et de nos chimères. Sans notre dénuement, notre déchéance, toute son existence eût soudain été vouée au néant et sa philosophie fût tombée en poussière. Nous étions sa raison d'exister et nos semblables affluaient chaque jour plus nombreux dans ses austères bureaux. Passée la première impression, cette immense gratitude qui déborde le cœur en reconnaissance, la déception et l'amertume nous giflaient de leur dure réalité.

Telle était ma perception des choses, moi qui, pourtant, n'étais née ni amère, ni pessimiste, ni perdante, ni ingrate, ni par un froid matin d'hiver. J'étais née en plein août torride, gagnante dès la naissance, charriant partout où j'allais ma joie tonitruante de vivre. Je gagnais et j'aimais gagner. J'admirais le potentiel humain dont chacun de nous était doté et je ne fuyais que la médiocrité et le défaitisme. Pourquoi avoir sombré au fond du puits le plus profond de la planète alors que tout mon être aspirait aux cieux?

Par un matin de fraîcheur, notre lugubre conseiller vint nous voir. Il était à peine sept heures et la journée s'annonçait radieuse. Nous nous assîmes dans la cuisine. Franz nous débita encore les raisons pour lesquelles son administration ne pouvait plus nous aider. Il était assommant, lourd, fidèle à son image de flic raté. Quelquefois, il s'égarait du sujet comme on perd son chemin et il y mêlait les bribes folles de ses tracas personnels, pensant sans doute atténuer le choc de la nouvelle, ou pour mieux l'annoncer. Il semblait presque content de s'être débarrassé de notre affaire. Puis il nous fixa la date précise de notre départ et s'en alla furtivement, sans finir de boire son café.

Nous restâmes calmes et pensifs un moment. Puis, Nadir s'approcha doucement de moi et m'entoura de ses bras :

« Ne t'en fais pas, va. Nous nous en sortirons, je te le promets. Tu sais que je suis débrouillard... J'ai la conviction que nous ferions beaucoup plus si nous comptions sur nous-mêmes au lieu d'être assistés ici. Allons faire un tour en ville, il fait si beau. Je te paie un café. »

C'était exactement ce que j'aimais chez mon compagnon de route, mon ami, mon époux. J'aimais sa fougue, la foi inébranlable qu'il avait en sa bonne étoile, cette inépuisable belle énergie optimiste et presque enfantine qui le poussait non seulement à croire au miracle mais à le provoquer. Je le connaissais à la moindre réaction près. Il n'aimait pas mes inquiétudes alarmistes, mes raisonnements logiques, impitoyables, qui n'offraient aucune brèche à la moindre chance ou au hasard heureux. Il détestait mes répliques pessimistes.

« Va mettre une belle robe, on sort fêter la liberté! »

Contre toute attente, j'éclatai de rire et renchéris, l'air follement emphatique :

« Oh! oui, vive la liberté! Adieu les cafards! Adieu les

disputes avec les paranoïaques, adieu la léthargie. Vive le vagabondage! Vive la vie sous les ponts, la tête dans les étoiles... »

J'éprouvai soudain une indicible frénésie, un délicieux sentiment de peur à l'idée d'une lutte recommencée à zéro pour les besoins fondamentaux. Mon sang bouillonnait de joie à l'idée de quitter l'hôtel, ce nid qui menaçait de nous étouffer, au fil du temps.

Nous descendîmes l'escalier délirant d'euphorie, élaborant déjà le plan de notre vie future. Dehors, Vienne, plus royale que jamais, baignait rose, or et blanc dans le printemps, tout à fait mûr maintenant. Il régnait une beauté inexprimable, faite d'éclats de soleil, de pans bleus de ce ciel que l'on veut boire jusqu'à l'extrême ivresse des sens, de ces mouvements gracieux, furtifs, imperceptibles, légers, harmonieux, partis alors qu'à peine nés... Une beauté impalpable, omniprésente, irréelle, changeante, impossible à décrire. Êtres et choses resplendissaient à cette heure encore tendre du matin et le bonheur semblait pratiquement présent dans l'air léger de Vienne. Il me semblait vivre un bref moment de vacances. Je me sentais réellement libre.

Nous étions libres. Nous avions l'immense, la belle, l'inestimable liberté de décider de nos vies, de travailler, de tomber et de nous relever, êtres humains, responsables de nos destins, et plus jamais les pantins de la très miséricordieuse organisation *Caritas*...

Cependant, il fallait nous perdre dans la nature, très vite, nous faire oublier de la police qui allait nous traquer ouvertement à présent que nous n'étions plus ses misérables protégés...

Il nous fallait trouver rapidement un logis, n'importe lequel, dans cette ville où chaque parcelle de terrain vaut son pesant d'or, avoir une adresse fixe, déclarer nos existences illégales, nous mettre à gagner notre pain quotidien au marché noir et, surtout, illustre illusion, économiser assez d'argent pour rejoindre le pays de nos rêves.

Partir, ce rêve des exilés volontaires.

Étions-nous donc des joueurs, des insensés, des rêveurs, des inconscients ou tout simplement des malchanceux? Nous étions des joueurs sur la corde raide de l'espoir, cet espoir puissant, illogique, qui protège de la mort. Nous étions assez insensés pour nous accrocher à l'idée de franchir la démarcation de l'anonymat vers la lumière des légaux. Absolument. Nous rêvions inlassablement d'aller le plus loin possible, jusqu'au sommet du globe, et d'y crier à pleins poumons notre victoire. Nous décorions nos nuits et nos jours de notre belle inconscience, celle qui réussit enfin à donner de l'audace au plus peureux pour réaliser l'impossible. Nous n'étions malchanceux que dans la mesure où nous sous-estimions notre capacité de nous relever de nos chutes et de nous adapter aux pires conditions. Armés jusqu'aux dents de tant d'illogisme, nous n'avions d'autre choix que de continuer notre chemin. Obstinément. Obstinément puisque nous avions l'océan derrière nous, les ponts brûlés.

Dans Vienne illuminée de mille feux, nous étions fous de joie, éperdus de bonheur. Ce bonheur irraisonné, indicible émanait directement de la liberté sauvage, anarchique, primitive de notre état. Nous allions être lâchés dans la jungle noire des parias modernes : ceux qui se planquent durant des heures sous les échafaudages impitoyables des machines roulantes vers les pays des hommes libres, accrochés à la vie de toutes leurs dents, jeunes évadés des systèmes qui broient toute pensée libre, tout geste de révolte, toute espèce de contestation, fût-ce l'étincelle qui jaillit d'un esprit génial...

Nous allions bientôt être effacés, pulvérisés des cœurs et des consciences qui jusque-là partageaient un peu de nos inquiétudes; dans quelques jours, nous n'existerions plus et nos dossiers, les derniers ouverts sur cette planète, seraient définitivement fermés et irrémédiablement archivés. Administrativement morts. La mort a plusieurs sens, en quelque sorte. La naissance aussi. Considérée sous cet angle, la vie s'ouvre des passages dans des dimensions que l'homme ne maîtrise plus. Heureusement.

Le café viennois, sublime, odorant, à l'image de sa capitale, nous tourna la tête. Délicieusement. Nous arborâmes nos sourires des beaux jours et fîmes en silence la promenade sur Mariahilfestrasse où s'entrecroisent mille inconnus comme nous.

« Combien d'illégaux croisons-nous chaque jour dans ces rues splendides, nationalités et religions confondues? remarquai-je pensivement en suivant des yeux le flux incessant de la foule qui, tel un fleuve tranquille, n'arrêtait pas de couler le long des innombrables veines de la métropole.

— Une chose est sûre, au moins. Nous sommes loin d'être les seuls parias, rétorqua Nadir. Si tu veux t'en assurer, tu n'as qu'à aller faire un tour au commissariat central, service des étrangers.

— Jamais. Cet endroit me fait aussi peur que les bureaux de la Gestapo entrevus dans les films. Pourtant, je sais que j'exagère. Mais j'en ai une frousse incroyable.

— Alors, coule-toi la vie douce, profite de chaque instant de liberté. Oublie les papiers et tout le tralala. Nos chances de les avoir tiennent à un fil d'araignée, tu le sais parfaitement, mais est-ce que ça nous empêche de vivre, de manger, de respirer, d'apprendre, de rêver, de regarder ce qui est beau, de se payer la belle vie de temps à autre, hein... dis? Pourquoi t'accroches-tu à demain, peut-être qu'il n'y aura rien qu'aujourd'hui, maintenant... là! »

Il avait raison. La vie, c'est l'instant présent qu'on dédaigne et qui risque de n'être plus l'instant d'après.

Il s'enflamma et, à son habitude, n'arriva plus à contenir le déluge de ses divagations :

« Nous vivons, quel que soit notre statut. Les enfants vont à l'école. Je travaille. Au noir, c'est vrai, parce qu'au blanc c'est pas légal pour les illégaux, mais tu vois, il y a des lois et des solutions pour les gens comme nous, on ne crève ni de faim, ni de froid, ni de maladie. On se faufile, parce que c'est le seul moyen de réussir à survivre. Tout le monde le sait. C'est le paradoxe. Le système en profite. Jusqu'aux tribunaux qui traquent les pauvres diables comme nous pour les soulager des sous qu'ils gagnent et renflouer les caisses de l'État. Ainsi soit-il. Tout revient à dire, grosso modo, que l'on vit dans un monde où se joue une grande comédie : personne n'est dupe de ce qui s'y passe. Alors, relaxe... Arrête de t'asphyxier pour rien. »

Il s'arrêta de marcher, me fit face, planta ses yeux aux vagues transparentes dans les miens, les mains sur mes épaules, et il me demanda le plus sérieusement du monde :

« As-tu une meilleure idée, toi? »

Je n'en avais pas, évidemment, et c'était pour cela que je m'accrochais à sa force et à son sens inné de la débrouillardise. C'était un McGuiver[2] dans son genre, rafistolant comme par magie les situations les plus désespérées, y mettant à la fois de la conviction, de la foi et de l'espérance. Et cela marchait toujours!

Nous employâmes le plus clair de notre temps, c'est-à-dire les derniers jours du mois de mai, à chercher un appartement. Nous passâmes en revue journaux, agences, amis, en vain. Une sérieuse étape de notre vie allait commencer.

---

2. Nom d'une série des années 85-90. Personnage principal (très débrouillard et inventif) d'une série de films d'action interprété par Richard Dean Andersan.

Juin 1994

Nous sommes en plein examen et il fait un temps splendide dehors. Contrairement aux jours précédents, je me sens parfaitement bien. Face à mes examinateurs, il me vient l'idée que réussir est avant tout un état d'âme, une volonté définitive, résolue, heureuse, une décision antérieure à la peur de faillir, celle d'avancer et de faire en sorte de trouver le chemin de la réussite, une conviction inébranlable qui émane de l'être entier plutôt qu'une simple conjugaison de connaissances et d'habiletés. Réussir c'est avoir totalement foi, confiance en soi et autour de soi. C'est cet état ouvert d'optimisme, cette énergie de vouloir atteindre ce qui semble inaccessible qui crée une atmosphère propice à la réussite.

Je ne sais pas. Je me mis tout à coup à parler cette langue étrangère avec un air radieux et je l'aimais. Les mots, ces amis de toujours, venaient facilement à ma rencontre, colorés, souriants, tendres, malicieux, présents, sortis je ne sais d'où. Je les attirais dans mon champ magnétique, parce que je les aimais et je jouais avec eux.

Je n'avais rien. Ni passé ni avenir. Ni logis ni papiers. Ni travail ni un sou en banque. Pauvre au sens matériel comme le mendiant du coin. Pourtant, j'exultais, littéralement. J'étais heureuse d'avoir décodé un mode de communication qui m'ouvrait l'accès à un monde nouveau, beaucoup moins hostile, souriant parce que je le comprenais et m'y insérais! Le bonheur a des visages différents, aussi inégalables les uns que les autres. J'emporterais partout cet inestimable héritage allemand, intégré de façon permanente à mon merveilleux cerveau et nul ne saurait me l'usurper désormais, peu importe mon dénuement.

Mes deux profs se regardèrent, émerveillés de tant de volubilité. Je ne cherchais plus à plaire ni à convaincre. J'étais heureuse d'avoir escaladé ma rude montagne verdoyante jusqu'aux nuances raffinées qui émanent des mots et du sens qu'ils entretiennent entre eux pour rendre tout code humain si beau.

Résultat, j'obtins la note de quatre-vingt-dix-huit sur cent! La meilleure du groupe, quoi.

Et mon précieux diplôme ministériel doré, officiellement reconnu par l'Union européenne, sous mon bras, le cœur en fête, je rentrai chez moi en sifflotant.

C'est le trente juin 1994, un mois d'été si tendre et doux, digne de ce beau pays interdit. Surpeuplé, fiévreux, l'hôtel, notre univers, grouille d'une myriade d'inconnus au regard fuyant, méfiants, peureux, agressifs, venus de toutes parts. Une île de réfugiés, d'éconduits du système judiciaire autrichien, de fugitifs africains, iraniens, kosovars. C'est le rond-point de la misère humaine au sens universel, délabrée, atone, vidée d'énergie.

Je n'appartiens plus à cette nouvelle génération d'arrivants. Je cherche alentour où accrocher mon regard, je ne vois nulle part une paroi amicale, même provisoire, le temps de faire le transit vers le monde des autres.

À présent, nous devons libérer notre chambre, déménager au plus vite. Partir ailleurs, laisser de la place pour d'autres, plus infortunés que nous. Nos amis étant partis, nous n'avons que très peu de regrets. Quant à la peur, elle fait désormais partie intégrante de notre vie et nous la maîtrisons, l'acceptons comme élément naturel de notre situation, composant avec au jour le jour. Alors, comme auparavant, avec moins d'émotion et de larmes, nous prîmes à

nouveau nos ballots et quittâmes ce nid qui nous avait protégés aux moments les plus durs et les plus angoissants de
nos vies de réfugiés sans refuge.

Nous nous organisâmes pour vivre de façon un peu plus
précaire et par tranches de semaines chez le peu d'amis que
nous avions à l'extérieur du ghetto. Nous étions conscients
de notre inestimable chance, par comparaison avec les
milliers de victimes de l'incoercible violence en Algérie, avec
le terrifiant génocide d'innocents en Bosnie. Nous étions
loin de nous plaindre. Au contraire. Il nous fallait constamment nous estimer heureux d'être vivants et en relative sécurité par rapport à l'horreur de la désintégration complète
qui aurait pu vraiment arriver à notre famille. On aurait pu
nous séparer, nous morceler, et j'aurais hurlé en pure perte
mon désespoir...

À Vienne, nous étions des vagabonds bronzés, sau-
vages, échappés de la jungle, des parias, surnuméraires,
mais libres, vivants et ensemble.

Cette journée de départ radieuse, dorée, chaude sans
être étouffante, nous guidait vers un espoir presque parlant,
prometteur, qui nous disait que nous étions sur la bonne voie
et qu'il ne fallait pas lâcher. Lâcher? Pas question! Libres,
sauvagement libres dans une société bourrée d'illégaux, nous
allions affronter la très sévère institution policière autrichienne avec l'argument clé : nous partirons, nous partirons,
dussions-nous pour cela employer un temps d'éternité.

Comment nommer une personne lorsqu'elle devient
civilement inexistante? Lorsqu'elle échappe au contrôle des
statistiques ou du recensement, qu'elle naît ou meurt dans
l'anonymat? Apatride? Fugitive? Hors-la-loi? Itinérante?
Bohémienne? Nous n'avions pas de statut qui définisse
notre catégorie dans la masse illégale. C'est obsédant, ce
problème, surtout face aux questions logiques des repré-
sentants de la loi, mais aussi face à la curiosité innocente du
citoyen ordinaire ou du voisin. Alors, l'histoire inlassable-

ment répétée dévale sans accroc nos poumons patients et exercés. Elle devient histoire presque détachée de nous, complainte de n'importe quel malheureux marginal.

Nous avions choisi de fuir nos pays et leurs lourds système rigides, totalitaires, omnipotents, car non seulement notre identité personnelle y était méconnue, méprisée, reléguée au rang inférieur, mais notre cellule familiale menaçait également de l'être, au fil du temps, en raison de la dégradation des choses qui gagnait l'ensemble de la population et un peu plus les marginaux de notre espèce. Sans nous croire vraiment sur une liste noire, ni exposés à un danger immédiat et tangible, nous avions senti l'odeur du roussi, cette vague inquiétante d'insécurité qui flotte autour des êtres et qui sape peu à peu l'essentiel dont ils ont besoin pour exister. Nous avions peur. Nos existences sociales, très fragiles, ne tenaient qu'à un fil, un fil ténu que le souffle de n'importe quel officier de police pouvait anéantir au gré de son humeur. Nous pressentions le souffle mauvais de la malchance et nous devions fuir.

Un malheur est rarement prévisible. Quand on a la chance de le pressentir, il faut prendre ses jambes à son cou. Braver ce qui est au-dessus de soi relève de l'héroïsme. Or, nous n'étions pas des héros mais de pauvres bougres à la recherche de paix et d'un peu d'air pur à respirer. Nous avions la mission ordinaire de survivre.

Cependant, même survivre devenait ardu. Comment survivre dans la peur constante qu'un officier de police vienne à minuit arrêter un étranger illégal sur le territoire de mon pays et lui ordonne de le quitter en vingt-quatre heures? Comment survivre dans la panique de voir assassiner ses enfants gratuitement sur le chemin de l'école? Tant d'enfants, pauvres, innocents et algériens étaient massacrés impunément et personne ne savait d'où sortait le monstre assassin... Tant de jeunes gens avaient été froidement décapités, leur tête emballée en cadeau, puis expédiée à leur famille! D'autres, mutilés, les organes génitaux enfoncés dans la bouche, étaient abandonnés aux vents de sable et à la chaleur torride de l'été saharien.

Fallait-il croire que le malheur n'arrive qu'aux autres? Attendre sagement un avertissement mortel par écrit, cet étrange baiser de la mort qui surprend la victime dans son sommeil? Braver le destin, se dire qu'on est chez soi, dans son bon droit? Se résigner? Lutter contre les assassins-fantômes? Déposer plainte contre l'immonde injustice, l'impalpable horreur, cette mort violente, sale, impitoyable dont tout le monde craint le souffle et qui peuple nos cauchemars?

Nous aurions pu succomber à la tentation de relever ce défi, rester comme tant d'autres, mais nous n'étions pas autorisés à le faire ensemble. Les étrangers étaient politiquement indésirables et devaient lever l'ancre. Mais nous ne savions pas où aller. Alors, nous nous accrochions aux basques d'un système pour lequel l'individu est le dernier des soucis. Je revois encore l'expression méprisante de cet officier oranais qui nous avait convoqués puis laissés moisir sur le banc du commissariat. Lorsque nous avions eu l'audace de lui rappeler nos existences et la convocation qui justifiait notre présence, il nous avait aboyé son dédain à la face :

« Prenez votre famille et foutez le camp chez vous, vous n'avez rien à faire ici! »

Nadir n'avait pas répondu.

Il s'était retourné vers moi et m'avait lancé, toujours exaspéré :

« Quoi alors? Ne pouvez-vous pas vivre là-bas dans son pays?
— Je n'ai jamais été humiliée dans son pays ni expulsée de cette manière-là. Je pensais avoir une place ici pour ma famille et moi. »

Les sanglots avaient suivi. Des larmes définitives. L'idée

de rester s'était rompue et était tombée à terre. Je n'en voulais plus à ce prix-là.

L'officier avait tenté de rafistoler son énorme bévue en me consolant et en me promettant de consulter le dossier de mon époux. Il s'était excusé, se découvrant des sentiments humains. Nous étions sortis brisés dans la clarté du printemps algérien que peu de printemps ailleurs au monde égalent en beauté.

Dans la majeure partie des sociétés dites démocratiques, qui prônent le respect des droits de l'homme, entre autres, le droit à la différence, un couple mixte est un couple tout court. Pas de distinction de race, de religion ou autre. Nos pays, bien entendu, sont très respectueux des droits de l'homme, ils sont même théoriquement admis et reconnus sur la place publique. Sauf qu'au moment de s'en servir, les mêmes droits changent de visage et s'appliquent selon certaines règles inconnues de tous. La question n'est pas là, nous explique-t-on toujours doctement dans les bureaux des services aux étrangers. Elle réside ailleurs, dans un enchevêtrement de circonstances inextricables établies et régies arbitrairement, impossibles à démêler et à comprendre par la plupart des citoyens. Alors, pour éviter d'être un éconduit du système, un paria, il est préférable de rester dans le rang, de ne jamais s'en écarter. Laisser tomber le recours aux droits. Après tout, pourquoi s'entêter...

Pour cela, précisément, je le répète, je le sais, nous prîmes nos ballots, en fait, l'essentiel des choses, pour nous en aller le plus loin possible, vers l'une de ces sociétés dont on entendait dire que l'homme y est respecté quelle que soit sa condition, qu'on ne le jugeait ni selon la couleur de sa peau ni selon son origine ethnique.

Foutaise. Nous étions mal renseignés. Nous étions naïfs de croire que les choses étaient aussi simples qu'on le disait. La charte des droits et des libertés s'adresse aux légaux d'un pays. Mais pour être légal, il faut se lever tôt.

Quant à la générosité des gouvernements chargés d'accepter des quotas de réfugiés, nous ignorions totalement quelles lois et quels règlements la régissaient. Fallait-il donc être versé en droit pour se constituer réfugié? Par contre, ce que nous apprîmes à l'école de la vie et à nos propres dépens, c'est que la générosité des nantis filtrait à travers des politiques elles-mêmes soumises à des lois laissant peu de marges aux débordements altruistes.

Un fugitif en quête d'une terre d'asile ne calcule qu'approximativement ses chances de survie sur son chemin vers l'improbable. Il ne maîtrise pas les moyens d'évaluer avec précision ses probabilités de réussir. Il sait parfaitement le danger qui le guette, mais il préfère encore mourir de son libre arbitre que d'accepter le purgatoire éternel auquel il n'échappera jamais s'il capitule. C'est cela l'espoir. On ne mise jamais que sur cet espoir même ténu, car il est nécessaire au désir de vivre.

De tout temps, il se trouva des hommes et des femmes résolus au prix de leur vie à escalader des murs, des barbelés, à se livrer aux dents de la mer, à traverser des champs minés, à emprunter le chemin des montagnes qui effacent toute démarcation de frontière sur cette unique planète que Dieu nous a offerte et que les hommes ont divisée pour y parquer leurs semblables après les avoir soigneusement muselés comme de pauvres bêtes.

C'est ainsi, approximativement, avec cette dose de folle audace qu'il faut au voyageur qui ne cesse d'espérer trouver clémence, paix et respect ailleurs, que nous avions tout laissé tomber pour aller en Suède.

On était des parias, même à Vienne, reine des reines. Personne ne croyait à notre histoire abracadabrante de couple mixte en danger de mort. Le danger, il fallait qu'il soit tangible, écrit sur nos fronts, preuve à l'appui. Au Haut Commissariat des réfugiés, institution fondée pour tendre la main aux rescapés des sanguinaires, on nous avait bien reçus. Nous étions là, vivants, avec nos hardes, les stigmates de la faim visibles sur nos corps sous-alimentés, la peur dans nos yeux hagards. Ce n'étaient pas des preuves, évidemment, on aurait pu même penser que nous jouions la comédie. Mais nous pouvions témoigner de ce qui se passait déjà en Algérie. Cependant, nous n'eûmes pas gain de cause. Personne ne pouvait se décider à nous octroyer le droit d'humains demandant protection et refuge.

Pourtant, d'un point de vue logique, mis à part le fait que nous aurions pu quitter l'Algérie pour de simples raisons économiques, notre version n'était pas aussi invraisemblable qu'elle le laissait paraître. On aurait pu nous croire. On aurait pu nous accorder le bénéfice du doute. On aurait pu faire un effort pour considérer avec un peu plus d'humanisme, de perspicacité, voire de bonne volonté, qualités qui placent fondamentalement l'homme au-dessus des lois qu'il crée et qui lui sont assujetties, notre cas sous un angle exceptionnel. Ce n'était pas la pauvreté qui nous avait poussés à risquer la vie de nos enfants sur un trajet qui ne menait aucunement vers une meilleure prospérité matérielle, mais l'incapacité de survivre au sein d'un système où il n'y avait pas de place pour nous. Cette évidence, claire, acceptable, vraisemblable n'était pas prévue dans les lois du Haut Commissariat des réfugiés. Un point, c'est tout.

Par je ne sais quel administratif ou humanitaire souci, l'équipe des inspecteurs du Service d'accueil constitua un dossier indiquant tous les détails de notre histoire et contenant les photocopies des documents que nous détenions. En fait, nous avions touché à l'engrenage d'un appareil légal et il fallait qu'il produise en toute objectivité, sans jugement, sans émotion, détaché de ce qu'on lui attribue habituellement comme qualités superlatives d'organisme protecteur, salvateur, un rapport administratif, ni pire ni meilleur qu'un autre pour mettre un terme à notre attente d'être reconnus comme réfugiés et justifier ce temps précieux qui nous avait été alloué. Aveugle, imperturbable, la machine qui faisait son travail, triant des données informatisées, avait rejeté notre histoire au fin fond du désespoir et était passée à d'autres.

Il fallait donc partir ailleurs. Se perdre dans la jungle d'une civilisation dont nous ne connaissions pas les lois, oublier la prétention d'obtenir le droit d'asile, oublier le titre glorieux de réfugiés, aller enfouir quelque part nos têtes dans l'obscurité d'un autre organisme. Toujours ailleurs.

C'était triste. J'étais mortellement blessée de constater que les hommes, au fond, n'étaient pas foncièrement différents; lorsqu'il ne s'agit pas de leur propre survie ou de celle de leurs proches, ils sont, à quelques exceptions près, insensibles à la détresse et au besoin d'autrui et accrochés maladivement à l'application stricte de la Loi, au pied de la lettre, qui ne prévoit entre ses lignes aucune chance à la douceur heureuse d'un jugement qui tienne quelque peu compte des circonstances particulières d'une situation. Comme en Suède, les hommes se conformaient à la loi et fermaient nos dossiers. Bien que cette loi serve l'être humain, elle peut l'abandonner aussi sur le bord du chemin parce qu'elle est un robot au service d'un système avec ses limites. Et nous étions condamnés à être de ceux qui ne répondaient pas à tous les critères d'une catégorie donnée de réfugiés pour en faire partie. J'avais mal qu'on nous prenne pour des menteurs, des simulateurs, alors que la guerre, sournoise, sale, génocide, intolérable, primitive, mangeait insidieusement, inlassablement, dans le silence, dans le noir, par effraction, les musulmans en Bosnie et les Croates en Algérie! Il est vrai qu'il fallait apporter des preuves crédibles que nous courions un quelconque danger. Nous n'en avions pas. Nous avions eu l'instinct de la bête pour fuir. Mais ce n'était pas plausible pour le Très Haut Commissariat des réfugiés! Pourtant, douze hommes d'origine croate avaient été lâchement assassinés quelques jours après notre départ d'Algérie, de pauvres travailleurs en génie civil, la plupart des pères de famille. Ceux-là n'avaient pas eu notre chance.

Il y a des événements qui ne s'effacent jamais de la mémoire, malgré les ans, malgré le pardon. Nous demeurâmes toute une demi-journée dans ces austères bâtiments à espérer le miracle, enfin une divine intervention, un déclic du destin, n'importe quoi qui nous dirait de nous reposer de notre errance à la recherche d'un coin où dormir. Mais, ce fut le refus, ce lugubre présage qui n'a même pas besoin de se prononcer pour se deviner à la tête de celui qui vous l'annonce. Ce refus bondissait sur tous les seuils que l'on franchissait. Enfin, tout y passa : organismes d'aide aux réfugiés, mosquées bondées de malheureux jusqu'aux marches des escaliers.

Nous étions désespérés au-delà de toute expression, et déçus. Dehors, le temps gris acheva de nous déprimer tout à fait. L'horizon nous parut bouché, et nous étions las, pressés de nous terrer quelque part pour digérer notre défaite. C'est ainsi que nous rentrâmes par la petite porte des anonymes, dans le total anonymat.

Juillet 1994

Ah! j'ai oublié de parler de mes enfants. Dan, ce beau garçon de treize ans aux yeux bruns que nous traînions partout et qui ne pipait mot, docile, grave, silencieux, patient. Il devait souffrir d'être ballotté par le froid et la grisaille au lieu de jouer aux jeux de son âge ou de se faire des amis. Notre petite non plus ne disait rien, à part ces questions inaudibles que je lisais toujours dans ses yeux.

« Allons-nous être acceptés, maman? me demandait sans cesse ma petite princesse.
— Non, mon enfant. Nous ne serons pas acceptés. Nous ne sommes pas assez malheureux, assez pauvres, assez menacés, assez démunis pour figurer sur la liste de ceux qui seront secourus. »

C'est qu'il y a plus malheureux que nous, plus pauvres, plus démunis, même si c'est difficile à croire et à distinguer. Et puis, il y a aussi le coin d'où t'es venue, mon enfant. Il faut venir du bon coin, celui qui figure sur la liste de ceux qui décident de t'aider. Il y a des coins où c'est l'enfer, la guerre, les bombes et où la vie n'est pas possible.

« Alors, maman, il y a vraiment beaucoup de malheureux et de pauvres? insistait-elle, les yeux élargis par cette surprise que seule l'innocence d'un enfant peut susciter.
— Oui, mon enfant. Beaucoup plus que tu ne penses. Des personnes très pauvres, très malheureuses, seules. Alors on commence d'abord par les aider en premier. C'est juste, mais c'est dur à comprendre.
— Alors, que va-t'on devenir, maman?

— Nous lutterons par nous-mêmes et nous survivrons. Nous travaillerons, nous irons demander asile à d'autres ambassades, nous chercherons de l'aide. Quelqu'un nous écoutera sûrement, croira en nous et finira par nous guider vers le chemin. Ne t'inquiète pas, tu verras, tout ira mieux pour nous un jour, je te le promets. »

Mes enfants dormaient sur ces promesses d'un bonheur à venir. Je les serrais contre moi et je leur disais de nous croire et d'avoir confiance. Je leur disais que je les aimais et je pensais cela suffisant.

C'est l'amitié entre notre fils et un jeune réfugié de Sarajevo qui nous permit de trouver notre premier refuge. Nos hôtes n'eurent aucune peine à deviner notre infortune. Nous fûmes hébergés durant deux semaines chez eux avec cette générosité spontanée si caractéristique des grandes familles bosniaques et, tandis que Nadir sillonnait les rues viennoises pour gagner notre pain en toute illégalité, je m'acharnais à dénicher un appartement. Bientôt, je créais un réseau d'amis, de personnes ressources pour me venir en aide. Ce fut un travail dur, ingrat et stérile. Malgré la gentillesse de nos amis, il nous fallait trouver refuge ailleurs, car les enfants ne se supportaient plus et l'atmosphère en devenait viciée.

Juillet honorait Vienne de sa généreuse chaleur; l'ivresse s'emparait des promeneurs et les magasins ne se vidaient qu'à regret. L'été portait tous ses atours au sens propre sur Mariahilferstrasse, mais je ne cadrais pas dans le décor. J'étais angoissée à mort.

Déambulant au hasard des rues, je faisais de mémoire une liste de toutes les personnes que je connaissais. Mon professeur d'allemand! Elle était au courant de nos tracas et m'avait permis de l'appeler en cas de besoin. Je m'engouffrai dans une cabine téléphonique et exerçai mon allemand au mieux de mes connaissances.

« Nadia, venez me voir demain, sur Rechtengasse. Je vous présenterai une amie », me répondit-elle.

Ainsi, Hilda devint mon amie.

Hilda est la représentation parfaite du profil de la femme hippie des années 1970. Les cheveux droits, lâchés dans le vent, elle avait de la légèreté dans les mouvements, de l'aisance dans l'élocution et elle passait le plus clair de son temps à écrire et à militer en faveur des opprimés, des violentés et des laissés-pour-compte. En fait, Hilda était une féministe pure et dure, mais son caractère était d'une intelligente douceur. Sa fille, genre punk, le crâne à moitié rasé et un rat sur l'épaule, était à son image, version 1994. Son immense appartement sommairement meublé offrait un espace serein, considérable, que peu de gens hésitent à habiter. Ses deux gros chats noirs, maîtres absolus des lieux, s'en donnaient à cœur joie du matin au soir, sautant prestement des rares éléments disponibles. Ils étaient adorables et faciles à vivre.

Hormis quelques belles plantes et une énorme quantité de livres, pour la plupart d'expression anglaise, rien n'ennuageait l'atmosphère. De plus, de toutes les fenêtres se déversait à un moment donné la lumière généreuse du jour qui allait se répandre sur les couleurs naturelles du bois non traité. J'adorais ce décor frais, naturel, spacieux, où le risque de cogner l'angle des meubles était quasiment inexistant.

Hilda devait partir en compagnie de sa fille en Grèce pour un mois et s'inquiétait pour ses chats. Ainsi, je ne pouvais tomber mieux.

« Nadia, je te confie mes chats et les clés de l'appartement. J'espère que tu trouveras entre-temps un logement, sinon nous verrons ce que nous pourrons faire à mon retour.
— Je ne sais pas comment te remercier, murmurai-je, gênée.
— C'est moi qui te remercie. Tu me rends un fier service... Tu comprends, à cause des chats. »

Le troisième arrondissement à Vienne, c'est vraiment chic!

Tout près, il y a le Stadtpark, splendide jardin où tout est synonyme de beauté, d'élégance et de charme. La promenade y est une vraie partie de plaisir. Le soir venu, il nous suffit de dévaler en deux secondes deux petites rues secondaires avant de nous engager dans les allées odorantes du parc et d'y passer quelques heures de détente au son de la musique de Johann Strauss jouée par l'orchestre de la cafétéria qui bourdonne telle une ruche, tandis que des couples professionnels valsent gracieusement sans presque toucher le sol de leurs pieds.

Les belles nuits tièdes viennoises n'incitent personne à rentrer si ce n'est à regret. Ce sont ces moments-là qui barraient le passage à l'anxiété quotidienne et nous permettaient de rejoindre les autres dans le bonheur, un bonheur simple, gratuit, inégalable, régénérateur, plus puissant que n'importe quelle drogue douce faite pour un nécessaire engourdissement de la douleur de vivre. Nous arrivions à savourer encore cette joie des autres et même à nous l'approprier. Mozart – ou Beethoven – eût été heureux de nous avoir rendu le sourire, d'avoir fait palpiter de joie nos cœurs blessés, d'avoir offert grâce à ses divines compositions musicales un baume à des pèlerins venus d'ailleurs pour s'en aller ailleurs.

Imperturbablement, nous continuons à survivre par miracle, c'est-à-dire de pain noir et d'espoir. Nadir emploie le maximum de son temps à afficher tandis que le mien consiste à nous trouver un logis. Pour louer un appartement à Vienne, il faut d'abord réussir à le trouver. Et le moyen le plus efficace est le bouche à oreille. Seconde étape, il faut disposer d'une bonne somme à déposer en caution pour ledit appartement en cas de dommage ou autre problème. Bien souvent, il faudra payer la personne qui a servi d'intermédiaire jusqu'à l'équivalent de trois mois de loyer! Le contrat, quant à lui, coûte également le montant d'un loyer ou plus. Un cauchemar vivant, en somme.

Bientôt, les derniers quinze jours de juillet filent aussi vite que les premiers. À nouveau, l'angoisse de l'itinérant nous étreint à l'idée de reprendre le chemin des vagabonds.

C'est le soir de la dernière nuit. Une nuit si belle, étoilée, claire, très douce. Je détache à regret mon regard du ciel ondoyant. Nos vies fractionnées en séjours temporaires s'accommoderont bien d'un autre espace, un voyage de plus, plus léger qu'auparavant. Je regarde mélancoliquement le téléphone et n'ose plus le toucher. Hilda allait rentrer le lendemain; je devais faire le ménage et laisser tout propre pour son retour...

Août 1994

Il est dix heures de la matinée. Je dois absolument faire quelque chose!

Impulsivement, je me jette sur le téléphone et j'appelle mon professeur. Ann est une femme sobre de parole. Écrivaine chevronnée, active et toujours débordée, elle a juste le temps de l'action.

« Je vous invite avec les enfants à un café! dit-elle. Puis on verra.

— Excusez-moi si je vous dérange », marmonnai-je piteusement.

Phrases plates, inutiles, faites pour les incapables, pensais-je en me maudissant. Heureusement, je n'ai pas le temps de déprimer et de verser dans l'autodépréciation. Elle vient nous prendre en voiture dans l'heure qui suit.

Nous allons sur les hauteurs magnifiques du dix-neuvième arrondissement où la fraîcheur de l'air pur nous revigore instantanément. Gênée à mort, je reste crispée sur mon café, sur ma crise immédiate. Je fais appel à tout ce qu'elle m'a appris pour lui exprimer dans sa langue ma course stérile à la recherche d'un illusoire appartement. Ann n'a pas besoin de toutes mes explications, mais elle sait qu'il m'est indispensable de me défouler. Elle me propose avec simplicité :

« Allons voir mon amie Michelle. Elle a un petit chalet, habitable seulement en été. Si sa famille ne s'y oppose pas, vous y resterez un bout de temps... Puis, allons passer la journée là-bas! »

Les enfants sont ravis de cette sortie improvisée.

Amira, ma princesse, jubile dans la fraîcheur du jardin aux grands arbres fruitiers, gambadant éperdument à l'instar d'un jeune animal longtemps tenu en captivité. Dan grimpe aux arbres et s'y cache.

Tandis qu'Ann cuisine un plat de spaghettis, je prépare une salade aux champignons sous l'ombre d'un pommier. Cette détente-là, faite de gestes si anodins, je l'avais oubliée. Autrefois, il est vrai, manger dans le jardin dès les premiers jours printaniers était naturel. La porte de notre maison était constamment entrouverte et les enfants en franchissaient le seuil jusqu'à l'épuisement. Après nous, c'était au tour des petites bêtes de manger : nos canards, notre chat et les fourmis. Il fallait qu'il pleuve ou qu'il vente pour verrouiller tout accès et troquer les ventilateurs contre la douceur de la brise. Ce temps-là, révolu, appartient à d'autres maintenant, et je ne sais ce qu'il est advenu, depuis, à notre demeure. Je n'en saurai probablement jamais rien.

L'après-midi dans l'atmosphère fleurie fut merveilleuse.

Michelle revint du travail en vélo et nous annonça qu'elle nous cédait son appartement en ville pour un mois! Nous bûmes un bon café brûlant, puis nous sommes allés transférer nos bagages d'un appartement à l'autre, plus ambulants que jamais, plus nomades, plus aériens...

Septembre 1994

Imperceptiblement, mon fils grandit à côté de moi et je ne m'en aperçois pas. Il a quatorze ans.

Inquiet, vindicatif, il est à la recherche de son équilibre dans l'insécurité personnifiée. L'anxiété, qui ne trouve nulle part d'issue pour s'exprimer, explose en conflits brefs et violents entre nous. C'est un bel adolescent. Quand il arrive à mettre des mots sur sa colère, il nous reproche ouvertement d'avoir échoué notre mission de parents, d'être des hors-la-loi, des indésirables, des itinérants. Il dit qu'il ne nous doit rien. Il dit enfin ce que tout autre à sa place, malaisé, inquiet, déraciné, aurait dit : partir le plus tôt possible, partir pour en finir avec notre vie de vagabonds.

Pourtant je l'aime avec tout l'amour qu'un cœur peut contenir. Et cet amour que je ne sais comment donner, je l'emploie à tout tenter pour qu'il puise dans chaque mot et dans chaque situation une parcelle de bonheur. Pourtant, je sais qu'à son âge cela n'est pas suffisant. Je sais qu'il amorce son adolescence de ces pas trébuchants d'enfant qui n'a plus de monde propre à lui, d'espace stable où se mouvoir sans crainte de perdre pied, plus de repères fixes, tout en étant à la merci du moindre changement tant intérieur qu'extérieur. Je sais et je n'y peux rien.

Je comprends sa souffrance décuplée du mal de vivre d'un enfant qui n'est plus tout à fait un enfant; il nous faudra lutter au-delà du possible pour lui offrir la sécurité dont il a besoin.

Les mots consolateurs et les multiples promesses ne suffisent plus.

Septembre. Tout commence à changer de manière imperceptible.

Êtres et choses suivent le mouvement naturel des saisons qui se succèdent en un relais dont personne ne saisit l'instant. Septembre coule vers la tiédeur, emportant dans son lent courant la chaleur estivale, les dernières frénésies des vacanciers qui s'attardent encore à rentrer au travail ou plus loin, chez eux.

Les matinées sont plus douces et mettent un peu plus de temps à dorer tandis que le roux, cette couleur chaude et vivante, vient lentement tacheter ici et là quelques feuilles pressées de se détacher de la branche mère. La nature vire peu à peu, sans rien brusquer, au rythme plus apaisé des êtres repus de soleil et de vagabondage, aux nuances automnales. C'est si beau, de déployer la tête et de boire l'infinie beauté d'une telle naissance.

Je me levais et je continuais à croire. La foi est nécessaire en tout temps, car elle est le levier de la volonté. Je réveillais mes enfants, les exhortais à se presser, car leur école est plus loin et il faut prendre le transport pour y aller.

Je continuais les gestes anodins, les gestes de survie. Je travaillais, je m'occupais de la maison et j'étudiais. Ma vie a toujours été meublée de mouvements aussi nombreux que variés, colorant mon quotidien, et le moindre relâchement entrebâillait la porte à la déprime. Or je ne pouvais me payer le luxe de lâcher. J'étais en grande partie responsable de cette tentative d'évasion et il fallait qu'elle aboutisse quelque part sur une terre stable et sûre. J'étais le pilier moral.

Le début de l'automne nous porta bonheur.

Nous sommes enfin tombés sur la bonne filière : un locataire cherchait un sous-locataire pour son studio et c'était urgent! Le jeune homme était aussi pressé de partir que nous de le remplacer. Nous sommes entrés dans un très bel appartement vide, qui ne comptait qu'un grand salon, une superbe salle de bain et une petite cuisine, mais nous exultions! Le contrat fut signé pour quinze mois! Un temps incommensurable pour des réfugiés de notre état...

Octobre 1994

Il est stupéfiant de réaliser à quel point l'homme est capable d'employer son temps, son énergie à se creuser les méninges pour venir à bout d'un problème. Observez un enfant dans un jeu moteur où le défi pour lui consiste à escalader un obstacle. Pensez au plaisir que peut vous procurer la résolution d'un problème mathématique dit insoluble, ou aux ruses inimaginables des prisonniers pour communiquer entre eux, avec l'extérieur, et pour s'approvisionner. Et ce ne sont que de pâles exemples que je connais. L'être résolu porte en lui sa propre réussite.

Têtu, Nadir trouva la faille. Il écrivit une demande au ministère des Finances et reçut l'autorisation d'exercer légalement son métier d'afficheur avec l'obligation de déclarer ses revenus et de payer ses impôts. Non, le Ministère n'avait pas jugé utile d'exiger un quelconque statut, encore moins de lui en octroyer un, pourvu qu'il acquitte ses dettes à la fin de l'année fiscale. Accord tacite d'homme à homme où la loi s'éclipse au profit de l'argent qui, lui, indéniablement, gouverne le monde!

Travailleur autonome, Nadir conclut désormais ses contrats personnellement avec les agences de publicité sans le recours de ces loups intermédiaires qui perçoivent un pourcentage sur son travail, lui limitant les zones d'affichage, le nombre d'affiches, le nombre d'heures. Il achète une vieille voiture, engage deux ouvriers, organise et supervise le travail et me nomme gérante de ses finances.

Il sort tôt le matin et ne rentre que lorsque la nuit a déjà déployé son voile sombre sur la ville engourdie. Nous sommes déjà au lit, inconscients du bruit métallique de la clé dans la serrure. Éreinté au-delà des limites normales, son cœur palpite d'épuisement et les veines surmenées de ses pieds sont enflées, mais il continue son train d'enfer, le seul qui nous mènera de l'autre côté de la misère. Nous le savons intensément, lui et moi.

L'acharnement qu'il mettra à se surpasser lui vaudra le respect du cercle restreint des quelques patrons de la publicité, mais également la haine et l'envie de certains autres qui perçoivent vite en lui le danger de la concurrence.

Il n'est pas rare qu'éclatent de véritables guerres entre les concurrents : ainsi, des afficheurs ont à peine fini de coller leurs affiches que d'autres sont déjà en train de les arracher et d'y apposer immédiatement les leurs, obligeant souvent Nadir à prolonger ses heures de travail aux premières lueurs de l'aube. Il rentrait ces soirs-là le visage rouge, fouetté par les bourrasques de la neige nocturne, les doigts gonflés, gercés par la colle et le froid. Je prenais alors ses mains rudes et calleuses dans les miennes, tentant de les masser, et je lui demandais de me permettre d'aller l'aider les dimanches. Cela l'amusait bien, mais il n'en voyait pas l'utilité : ce travail-là exigeait une exceptionnelle endurance physique et des nerfs d'acier imperméables à l'érosion, dans l'hiver profond et dans les rues désertées d'une ville qui sommeille à demi...

Désormais, le passé n'est plus. Nous retrouvons la dignité essentielle à la survie. Le regard des enfants brille joyeusement de l'intimité retrouvée, cette atmosphère dont tout homme a besoin pour s'épanouir en harmonie, sans friction continuelle avec ceux qui ne font pas partie de son univers immédiat. La promiscuité forcée est un mal social.

Affalés de tout leur long sur la moquette du salon, ils n'ont plus à craindre qu'une blatte leur fasse recracher le morceau de pain entamé. Ils ne sursautent plus, aguerris par la peur.

Malgré nos multiples échecs quant à l'obtention d'un statut légal, nous nous accrochons encore à notre mode de pensée. Ou à nos illusions. Puisque nous avions remonté la vertigineuse pente financière sans pratiquement l'aide de personne, nous nous estimions capables de mener à bien notre barque aussi bien que n'importe quelle autre famille autrichienne. L'État ne nous versait pas un sou, au contraire, nous lui en rapportions. Mus par cette logique, nous espérions enfin obtenir gain de cause et nous voir accorder le droit de séjour.

Ainsi, nous réunissons toutes les preuves de notre situation sociale et financière et constituons une demande de visa que Robert, le collègue de Nadir, déposera personnellement de l'extérieur du pays, à l'ambassade d'Autriche à Bratislava, tel que la loi l'exige.

Mais l'horloge du temps ne s'arrête pas pour nous accorder quelque répit. Imperturbable, elle avance et fait avancer tous les éléments qui œuvrent pour et contre nous. C'est le destin dont nous connaissons l'implacable logique, mais aussi la mystérieuse justice. Nous ne croyons plus au hasard. Le hasard est un fait qui intervient au moment où l'on ne détient pas toutes les données pour le qualifier de circonstance incontournable. Chaque parcelle de hasard est un morceau de puzzle fait pour arriver en temps et lieu.

Bientôt, les convocations du Service des étrangers, (*Fremdpolizei*) commencent résolument à pleuvoir avec une inquiétante régularité. Le thème est invariablement le même : vous êtes tenus de quitter immédiatement le territoire sous peine de... Nous avons goûté à toutes les peines du monde. Une de plus ou de moins... Heureusement, nous avons un « alibi », celui d'attendre la réponse à notre demande de séjour de Bratislava laquelle est basée sur l'emploi légal de mon mari. Tous deux, sur la défensive, nous attendons.

Novembre 1994

C'est vraiment l'hiver. La neige, en tourbillonnant dans les rues, accompagnait Nadir le long des murs viennois. Tard le soir, il me racontait ses murs avec l'amour des êtres qui s'attachent à une raison vitale pour conjurer le suicide. Je devais l'encourager à les aimer, à en faire ses amis, à les revêtir quotidiennement de ces panneaux publicitaires qui nous nourrissaient et qui étaient le fil ténu entre notre existence et le néant. Souvent, pour résister à la fatigue, il se saoulait au coke. Il en prenait toute la journée et une dose de trop lui créait des malaises cardiaques. Nadir fumait beaucoup. Alors, le soir, il s'affalait en sueur et me demandait de lui masser le cœur. L'argent qui entrait sortait de tous les pores de son corps épuisé, l'essorant jusqu'à la dernière goutte, mais il ne lâchait pas, car son travail était la planche salutaire, comme l'allemand pour moi, l'unique arène sur laquelle il prouvait sa capacité d'endurance, d'adaptation et de réussite.

Décembre 1994

La fièvre des jours de fête s'empare de la ville déjà en folie. Le rythme de vie, habituellement rapide, tourne à la frénésie où le superflu devient absolument nécessaire. En fait, pour la majorité des êtres en état de danger, dont la vie a éclaté, qui ont fui leur patrie, perdu les leurs et n'ont aucune perspective immédiate d'avenir, fêter est une aberration qui ne cadre pas avec leur vécu. Pourtant, j'ai pu observer un certain bonheur, fugace, fragile, humain, éclairant le visage de mes semblables en ces jours de fête. Il y a quelque chose en nous d'indéniablement mystérieux et enfantin qui nous fait lâcher prise et nous incite à accorder du repos à nos âmes.

Nous sommes heureux et, par moments, nous oublions totalement nos soucis. Nous essayons de vivre le plus normalement possible. La chaleur réconfortante d'un toit bien à nous cicatrise peu à peu les blessures de dix mois de souffrance. Mais le danger d'une descente de police plane toujours et nous nous savons temporaires, plus éphémères encore que le commun des mortels. Des réfugiés légaux, de ceux qui sont accrochés aux visas temporaires, nous sommes les plus fragiles.

La réponse à la demande du visa de séjour est un espoir-miracle auquel nous croyons jusqu'au bout. Pourtant, l'étau des lois répressives se serre et vise presque tout le monde. Et puis, il y a l'impitoyable au-delà des frontières paisibles de l'Autriche : la guerre en Bosnie fait rage. L'Algérie est en deuil et le meurtre y est à présent banalisé. Les lettres de mes parents se font rares, se perdant souvent entre le départ et l'arrivée. Au téléphone, nous étouffons nos voix pour conjurer la tragédie algérienne. Je m'éloigne peu à peu des miens au point de ne plus deviner les traits de leurs visages : l'heure est au courage.

Vienne luit de mille feux. Les belles artères de la capitale se sont métamorphosées en une composition de lumières, de couleurs et de formes féeriques, œuvre de nombreux artistes et artisans, que le regard émerveillé boit sans jamais se rassasier. Tous n'attendent que ces jours de Noël qui apporteront des instants de joie, de retrouvailles et d'oubli. Vienne rallie et réconcilie pour quelques jours, pauvres et riches, étrangers et Autrichiens.

L'attente des cadeaux tant désirés fait tourner la tête aux enfants, et à l'école on ne travaille plus.

Il n'est plus question que des contes de saint Nicolas exhortant les enfants à plus de sagesse. Emportés par cette belle euphorie, nous achèterons des jouets et des habits d'hiver aux enfants. Nous fêterons cette nouvelle année-là, chez nous. Nous mangerons paisiblement dans notre petit coin de cuisine sans devoir subir le regard impatient de la vieille Sara qui attend qu'on libère les lieux. Nous nous habillerons joyeusement sans craindre le regard investigateur de notre conseiller qui cherchera à savoir comment nous avons gagné l'argent de nos dépenses. Nous sortirons enfin au premier arrondissement sur Stephansplatz pour vivre la minute qui bascule dans la nouvelle année! Et, en dépit de l'illégalité, nous serons libres de notre bonheur...

Nous voilà dans le métro bondé de fêtards : c'est le trente et un décembre.

Peu importe le vent glacial qui lacère nos visages. Nous sommes heureux, solidaires dans le froid sain de notre récente liberté. Il fait si beau en ville. Si beau, comme dans les contes féeriques de Grimm et d'Andersen.

Vienne délire de tous ses poumons. Les jeunes entonnent les plus beaux chants du pays en une divine chorale. Les feux d'artifice constellent le ciel. Les cloches de la ville, à l'unisson, égrènent les secondes qui séparent l'année mourante de celle qui naît. Nous retenons nos souffles, les yeux rivés sur l'énorme horloge qui définit le temps puis c'est l'explosion générale, de joie intense, de tristesse pour ce qui fut et ne fut pas assez bien vécu et retenu... C'est un jour nouveau, le début d'une ère nouvelle, celle d'un bon départ.

Lentement, les visages se détendent et se rapprochent. S'embrassent. S'émeuvent. Puis le flux humain bouge telle une rivière paresseuse qui se décide à rejoindre enfin la mer, cette belle ville qui, dans la nuit, revêt des allures de mère généreuse, aimante et affectueuse.

Janvier 1995

Le sérieux se réinstalle. Vite, on regagne nos habitudes. On s'attelle au travail, on redevient vigilant. Malgré la neige qui bat son plein sur la ville enrhumée et frileuse, ma fille, combative, menue dans son ample manteau vert, longe chaque matin Hildebrandgasse jusqu'au métro qui l'emportera à Westbahnhof. Ensuite, elle prendra la correspondance pour descendre à la station de Zieglergasse. Elle tient à y aller seule à son école; elle avait choisi de relever cet énorme défi et je le lui ai accordé. Je l'accompagne du regard, par la fenêtre. Et, chaque fois que sa silhouette disparaît du champ de ma vision, je ressens un énorme chagrin de cette séparation.

Mon humble quotidien est ponctué de gestes rituels. Tenir les murs fragiles de chaque jour. Bâtir sur ce carré de terrain précaire assez d'espace solide pour enjamber le lendemain qui, peut-être, sera porteur d'un miracle. Continuer à vivre comme si de rien n'était. La peur m'habite continuellement.

C'est une peur suffocante, palpitante, irraisonnée, quotidienne : un simple coup frappé trop fort à la porte ou une sonnerie trop longue suffit à la déclencher instantanément. Il est des choses auxquelles l'homme s'attache et qui deviennent importantes à ses yeux. Pour le prisonnier, c'est sans doute l'arrivée du courrier ou d'une visite ou encore le changement d'une loi. Pour moi, c'est un peu la même chose. Quand je descends au rez-de-chaussée, j'appréhende la boîte aux lettres. Elle ne représente pour moi qu'une boîte à mauvaises surprises.

Les lettres, je les reconnais à leur couleur. Celles qui sont en papier recyclé bleu pâle sont des convocations au bureau du Service des étrangers. Je les saisis fébrilement et les ouvre avant même de remonter à l'appartement.

Le même effroi étrange qui doit s'emparer d'un condamné à une très longue peine de prison paralyse ma vue entre les lignes sèches de l'ordre autoritaire qui nous rappelle que nous ne sommes rien que des illégaux indésirables qu'on n'a pas perdus de vue et qui doivent comparaître pour répondre du crime d'être là! La journée en est soudain brisée, le repas sauté, le cours d'allemand inutile et j'attends Nadir pour qu'il m'insuffle de son courage.

Il y a une autre sorte de lettres. Celles-là émanent directement du tribunal et nous infligent de généreuses amendes de milliers de schillings pour séjour illégal. Nous payons. Nous payons cher le droit de respirer l'air de Dieu sur sa planète compartimentée, espérant le loup repu pour quelque temps. Nous connaissons les règles maintenant. Payer un tribut a toujours existé dans les diverses sociétés humaines depuis la nuit des temps. La nature et la quantité diffèrent d'une tribu à l'autre, mais le principe reste pareil. Que dire de plus qui n'ait été déjà dit?

Étrange état que celui de l'être retombé à la condition d'apatride, dépouillé peu à peu de tout et qui doit inventer beaucoup de raisons pour se maintenir à la surface de la vie!

Je vous le dis, les mots des autres, ce n'est pas fait pour nous.

La réponse à la demande de séjour arriva et, bien entendu, elle était négative. Malgré notre endurance, cette décision nous ébranla. Nous avons le droit de faire appel, mais nous savons que celui-ci n'est que pure formalité judiciaire.

Sur l'arène politique, les lois étranglent toute initiative

humaniste. Amnistie internationale nage difficilement dans le marécage des lois qui se multiplient pour boucher les moindres failles du système. La police conjugue ses efforts pour expulser tous ceux qui n'ont pas un œil crevé par les Serbes ou un membre en moins. Par contre, ceux qui courent un danger virtuel, on s'en fout, l'Autriche est trop petite pour eux! Des propos de ce genre-là, on peut en tenir tant que l'on veut dans des manifestations, des cafés, chez soi ou dans des bureaux d'aide aux réfugiés et opprimés, mais pas à la *Fremdpolizei*.

Là-bas, il faut se présenter à la minute près, muni de toute sa paperasse, de sa famille, et attendre le temps que toutes les questions vous rongent la patience et vous donnent l'envie de vomir. Peu importe que les enfants ratent leurs cours, que le travail attende, il faut faire l'épreuve du malaise jusqu'au dégoût d'être un étranger sur une planète qui ne veut pas de vous.

Pour oublier notre angoisse immédiate, nous promenons nos regards sur les autres personnes qui attendent, comme nous, le dénouement de leur destin... Des visages que la pâleur a fini par pétrifier vous fixent sans vous voir, plongés dans leur vide intérieur.

Des gestes nerveux, peu de paroles, sinon des murmures brefs comme ceux échangés dans un tribunal. De temps à autre une personne sort du bureau où le débat à sens unique vient de lui signifier quelque chose de désastreux. Des réactions de larmes, d'autres de colère, de silence indiquent l'issue de l'entrevue.

L'employée, peu aimable, nous reçoit une heure plus tard, à contrecœur. Elle s'adresse à nous en dialecte viennois et nous comprenons à peine son message dans cet enchevêtrement de paroles sèches :

« Il y a trop longtemps déjà que vous êtes en territoire autrichien, qu'avez-vous entrepris pour partir? »

C'est l'éternelle, l'incontournable, la même question...

« Nous faisons l'effort de nous trouver une terre d'accueil, mais cela demande du temps, répétons-nous poliment en allemand. Il nous faut du temps. »

Mais elle n'y croit pas. Elle pense que c'est une tactique classique pour gagner du temps. Toutefois, elle n'y peut rien. Elle ne peut tout simplement pas prendre le téléphone, appeler la police et lui ordonner de nous refouler aux frontières. Elle sait que nous savons avoir droit à un minimum de sursis et la haine transpire dans chacune de ses expressions.

« Vous devez partir. Vous n'aurez pas de visa de séjour, dit-elle.
— Oui, mais nous pouvons tout de même faire appel, répond Nadir.
— Ça ne vous avancera strictement à rien. Vous n'obtiendrez jamais rien ici, comprenez-vous? *Keine Chance.* »

Je la regarde avec froideur et lui répète très calmement :

« Nous partirons. Ce n'est qu'une question de temps. Ne vous inquiétez pas. »

Nous émergeons de l'interrogatoire, vidés et soulagés à la fois.

Pour un condamné, le sursis équivaut à l'éternité, mais il n'y a que ceux qui sont confinés dans l'univers carcéral qui le savent.

Le mercredi 18 janvier 1995

Cet après-midi, Nadir rentra en coup de vent à la maison. Il avait faim et voulait manger, puis retourner travailler.

« Écoute, je pense qu'il est temps de refaire une demande de visa pour le Canada. Maintenant nous remplissons toutes les conditions requises pour être admis. Qu'en penses-tu?
— Songes-tu réellement encore au Canada? rétorquai-je, très étonnée.
— Pourquoi pas? Nous n'avons rien à perdre. Fais une demande détaillée et envoie-la. Nous verrons bien. »

Son optimisme me redonnait toujours goût à la vie. Il avait une confiance colossale en lui et il me disait souvent que Dieu n'allait pas nous abandonner. Où puisait-il ce renouvellement, cette énergie?

Je refis donc cette demande. Une semaine plus tard, nous reçûmes les formulaires à remplir pour la troisième demande de résidence permanente pour le Canada. Le trente janvier 1994, mon passeport cessera d'être valide et je basculerai dans le total anonymat! Situation noir sur noir : évidemment il ne sera pas question de demander son renouvellement à mon ambassade. Désormais, il me faudra être plus prudente que jamais afin d'éviter d'être expulsée pour n'importe quelle malheureuse ou imprévisible raison. C'est une vie plus rétrécie et plus compliquée que nous menons, accumulant les difficultés au fil des jours et des mois.

Février 1995

La réponse à la demande de résidence pour le Québec arrive très rapidement. Nous devons nous présenter à une entrevue le huit mars 1995. L'attente de ce jour est fébrile. À nouveau, un mince rai de lumière semble se frayer timidement un chemin dans la geôle obscure de notre illégalité.

À nouveau, nous sommes prêts à nous embarquer vers l'inconnu. Prêts à prendre nos ballots sur nos épaules et à franchir la frontière horizontale au-delà de laquelle il n'existe de différence qu'entre les cœurs et les mentalités. Vivre normalement dans une situation de précarité insoutenable, où tous les autres sont maîtres de notre destin, où nous assistons sans broncher aux décisions qui nous concernent est un art difficile à exercer au quotidien.

Néanmoins, nous nous détachons lentement de l'idée de croire qu'un jour l'Autriche serait notre dernière halte, notre terre d'accueil.

Le mercredi 8 mars 1995

Il faisait frais ce matin-là et nous étions nerveux. Cependant, les enfants, n'étant pas tenus de se présenter, étaient allés à l'école. Le même conseiller à l'Immigration qui nous avait reçus deux ans auparavant vint nous accueillir dans la salle d'attente avec un certain sourire entendu. C'est que nous étions tenaces! L'entrevue ne dura pas longtemps.

Il regarda en expert nos visages, notre allure, lança un regard sur notre dossier ouvert sur son bureau, échangea avec nous quelques mots concernant la date de départ et l'argent dont nous disposerions pour cela. Puis nous conversâmes de choses et d'autres, détendus, comme de bons vieux amis. Nous signâmes encore des formulaires d'engagement. Et il nous lança d'un ton heureux : « Bienvenue au Québec. »

Il prit un livret jaune, genre de guide, et nous conseilla de le lire dès à présent.

Il contenait toutes les informations indispensables sur le fonctionnement de notre nouvelle société.

Quelque chose de plus lumineux que la lumière de tous les jours sembla irradier son bureau, ce matin-là, de toutes parts. Ce mot bienvenue, je l'entendais d'une façon étrange, différente. Était-il possible que nous soyons finalement les bienvenus quelque part? Quelque chose, au-delà du simple bonheur, se dilata en moi. Il me semblait pénétrer dans une espèce de dimension élargie, comme si d'un coup une porte s'ouvrait sur un monde longtemps imaginé et soudain transformé en pure réalité. Je n'oublierai jamais cet instant ni le visage radieux de cet homme, ni les paroles échangées dans son bureau. Il ajouta :

« Dans quelques jours, vous allez recevoir vos certificats de sélection du Québec. Ensuite, vous serez contactés par les services du gouvernement fédéral. Je vous souhaite bonne chance. »

Nous sortîmes de l'ambassade, heureux comme des fous. Dehors, il faisait frais. Une beauté presque insoutenable vibrait dans l'air. Je savais que cette beauté émanait de notre vision soudain éclatée. Je savais que notre joie donnait des reflets nouveaux aux aspects connus et toujours là.

Dans la rue, nous courions la tête pleine de questions qui se bousculaient déjà.

À l'instar des jours d'avant, dans les dédales romantiques du vieux Zagreb, à l'instar de ces jours de liberté, d'insouciance, que le temps a fini par classer en souvenirs, Nadir m'invita à prendre un café dans un beau petit coin cossu de Schwedenplatz.

Nous étions à nouveau catapultés dans notre jeunesse, quinze ans plus tôt, à échafauder des projets où ne dominaient que les couleurs chatoyantes et leurs nuances irisées.

Et nous y discutâmes nerveusement, à coups de chiffres et de calculs très serrés.

Nous dressâmes notre plan d'attaque, établîmes un échéancier ferme et réaliste. Réussir un départ demande une grande discipline financière et une force de caractère inflexible. Ensuite, nous fixâmes la date de notre départ : fin décembre 1995.

Arrivés à la maison, nous annonçâmes la nouvelle aux enfants. Leur première réaction fut de la tristesse. Ils se sentirent soudain désemparés de quitter une ville adoptée, une langue apprise, des amis et des habitudes. Mon fils me fit une tête d'enterrement. Mais je lui expliquai :

« Mon petit, ici, sans papiers et sans visas, nous ne sommes rien. Un jour ou l'autre la police pourra nous expulser. Ce n'est pas un choix que nous faisons, c'est la seule possibilité que nous avons...
— Oui, mais moi j'ai oublié le français. Comment vais-je tout réapprendre là-bas? Ce sera dur pour moi. J'en ai vraiment marre de changer de pays, d'écoles et de langues! »

Effectivement, je comprenais. Mon fils parlait la langue de son père, la mienne, le français, l'allemand. Là, il devait rebrousser le chemin de l'apprentissage et s'investir plus en français dont la grammaire, non moins difficile que celle de la langue allemande, allait lui demander des efforts supplémentaires. Mais je devais argumenter pour l'encourager à enjamber la peur :

« Tu es jeune et tu réapprendras vite. Il y a des enfants qui n'ont jamais parlé le français, qui émigrent et qui l'apprennent une fois installés au Québec. Tu seras dans une classe d'accueil pendant un certain temps. Tu verras, tu te feras vite des amis là-bas et ce sera ton pays définitif. »

Je savais ce qui le chagrinait, mon fils.

Ce n'était pas tant la langue ni le voyage, mais le traumatisme du déracinement, cette déambulation, cette errance irréelle à la recherche de soi ailleurs, ces départs intempestifs vers des rivages inconnus où tout est à réapprendre... Il se sentait bien en Autriche, lui. La politique, ça n'effleure guère l'esprit d'un enfant. J'avais mal pour l'insécurité de mes enfants.

J'avais envie de les serrer fort dans mes bras, de me châtier de les avoir exposés à tant de souffrances et d'épreuves. Je leur murmurais chaque jour :

« Courage, vous verrez, nous nous reposerons un jour d'être des réfugiés sans refuge. Nous rattraperons le temps perdu, nous nous amuserons. Je vous le promets. »

Bientôt, les certificats de sélection du Québec arrivèrent par la poste. Je les ai soigneusement rangés et, chaque fois que le doute m'effleurait, j'allais les caresser du regard afin d'apaiser mon angoisse. Ces documents représentaient pour moi la bouée de sauvetage qui allait tenir nos têtes au-dessus de l'eau jusqu'au miraculeux envol.

Avril 1995

Malgré la perspective d'un prochain départ, il y a ce présent incontournable, épineux, tangible, qu'il faut vivre et surmonter. Les jours se ressemblent et se succèdent en un étirement nonchalant dans ce printemps qui s'annonce doux. J'ai peur du moindre concours de circonstances. Peur de perdre pied dans cette réalité mouvante où la valeur des êtres et des choses n'obéit plus qu'aux caprices politiques. Malgré mon courage, je me sens m'effriter, tomber tantôt dans la tristesse, tantôt dans le pessimisme, tantôt dans l'incrédulité. Je continue ma vie d'automate, allant tous les jeudis travailler chez Madame Pranzl et les après-midi aux cours d'allemand.

En classe, j'ose à peine murmurer évasivement notre départ au Canada.

Des regards narquois rigolent de cette idée saugrenue. Qu'est-ce qu'elle a été encore chercher pour nous épater celle-là! Il n'y a que Nada, mon amie, qui y croit. Elle se tourne vers les autres et leur répond de sa belle voix énergique :

« Elle a reçu la réponse positive du gouvernement du Québec, le reste, c'est de la routine! »

Puis elle me lance un clin d'œil complice. Les autres, tous bosniaques, sont sceptiques.

Pour eux, le Canada, ce n'est pas un pays physique que les hommes finissent un jour par atteindre, mais une contrée qui relève de l'univers du rêve, floue, inaccessible, trop lointaine par rapport à la solidité réelle de l'Europe qui les sécurise.

Bien sûr, il y a la guerre, le chômage, l'humiliation, l'attente, les désillusions, l'effondrement des acquis, mais c'est encore de la terre ferme qu'ils sentent sous leurs pieds...

Partir est du domaine du rêve pour celui qui n'a pas le courage de fermer les yeux et d'imaginer l'existence d'autres mondes et d'autres êtres. Partir est un suicide impensable pour celui qui n'a pas le courage de perdre pour risquer de connaître mieux que ce qu'il possède.

Seule Ann est silencieuse; elle n'est guère contente que je lâche l'Autriche pour un autre pays. Elle aurait aimé me voir lutter contre vents et marées pour obtenir le droit de séjour.

« Elle n'a aucune idée de ce qu'est vivre l'illégalité », pensais-je.

Un mois plus tard, nous reçûmes la deuxième convocation du Bureau fédéral d'immigration canadienne.

Encore une fois, je ne peux expliquer pourquoi nous étions en proie à cette étrange nervosité qui vous glace le corps dans cette salle bondée de personnes tout aussi tendues et muettes, dans l'attente d'être reçues en entrevue.

Au début, l'officier ne fit guère d'effort pour nous mettre à l'aise. Ses questions, bien que stéréotypées, étaient gênantes. Il s'adonnait à un exercice détestable, celui de commenter péjorativement toute réponse de notre part, avec un sans-gêne incroyable. Il avait le beau rôle, assis de l'autre côté avec nos dossiers étalés sous les yeux. Comme nous tenions à notre affaire, nous le laissâmes se repaître du spectacle de sa propre comédie.

Il finit par lâcher et nous remit la liste des médecins que nous pouvions consulter pour nos contrôles médicaux et les documents officiels que nous devions leur remettre.

Ensuite, il nous demanda nos passeports. Je lui indiquai que le mien était périmé.

« Sans passeport, je ne peux vous délivrer de visa! dit-il. — Je ne peux obtenir de passeport ni de prolongation sans séjour légal », expliquai-je.

Il fallait encore expliquer notre situation inextricable.

« Je tenterai de demander une prolongation de mon passeport quelques jours avant la date de notre départ auprès de mon ambassade, dis-je sans trop de certitude... — Bon, d'accord. Dès que vos visas seront prêts, je vous aviserai. Pour l'instant, procédez à vos contrôles médicaux. »

Il était déjà midi et il était pressé de sortir. Il nous accompagna en nous encourageant par des réponses apaisantes.

En quelques mois, nous devions gagner de l'argent, beaucoup d'argent.

Il fallait verser d'exorbitants honoraires pour les médecins privés, désignés par le gouvernement fédéral canadien, payer les amendes consécutives aux demandes de séjour négatives, économiser pour l'achat des billets de voyage, prévoir une certaine somme d'argent pour les premiers mois de subsistance au Québec et, bien entendu, réussir à survivre.

Il ne nous fallait pas établir un, mais plusieurs plans en étroite dépendance les uns des autres.

Le premier consistait à garantir notre survie immédiate, couvrir les besoins essentiels; le second consistait à faire manger la bête goulue dont l'appétit ne cessait d'augmenter et qui se tapissait dans les replis secrets de l'administration judiciaire autrichienne; le troisième à remplir les conditions nécessaires pour l'obtention du visa canadien; et le dernier, grâce à un quelconque tour de magie, nous aiderait à dénicher quelques milliers de schillings pour décoller de l'anonymat. J'avais bien affirmé quelque part que notre prétention n'était pas de nous poser en martyrs ou en héros mais de vivre le plus ordinairement possible.

Les circonstances n'étaient pas favorables, dans notre cas, pour une vie sans remous. Notre rivière, déjà sinueuse, comportait plus de pierres que d'eau et il fallait toujours la traverser en fragile équilibre pour éviter la chute!

Malgré notre essoufflement quotidien, les dossiers bien établis pour notre prochain voyage, le tribut honoré, la police n'avait pas confiance en nous. Elle nous pourchassait comme des malfrats, usant de toutes les méthodes pour venir à bout de notre résistance. Il ne leur importait pas, nous le savions bien, que nous partions sains et saufs, mais que nous partions morts ou vifs. Et c'est cette étrange attitude, cette froide et dangereuse détermination du système à travers ses hommes qui m'a plusieurs fois donné froid dans le dos.

Je la ressentais intensément, cette volonté de nous briser, et j'en avais peur, moi que peu de chose effrayait. Car, à présent, la police avait changé de tactique : elle ne traitait plus notre cas en tant que couple mais individuellement.

En fractionnant le problème, on arrive plus efficacement à le résoudre.

Bientôt, chacun de nous deux eut droit à son horrible enveloppe en papier recyclé bleu pâle, de la dangereuse pâleur des yeux nazis, indifférents à ce qui ne touche pas leur cause.

Non, je n'en veux à aucun policier, aucun officier. J'en

veux au système dénué de cœur, créant des lois qui bifurquent inexorablement du chemin de la justice... pour un autre dont j'ignore le sens. Car il n'est pas juste de faire totalement abstraction de l'être humain, à quelque degré administratif que ce soit, pour le traiter en pur problème, le broyer et en finir avec. De cette façon on détruit des êtres humains, mais le problème demeure. Il se personnifiera un jour où l'autre sous la forme d'un autre être qu'il faudra encore passer à la moulinette.

Ma lettre à moi arriva sous la forme d'une mise en demeure de quitter le territoire autrichien en quinze jours! Je paniquai, suffoquai, attendant le retour de mes enfants de l'école et de mon mari du travail. L'image des policiers m'arrêtant chez moi et me retenant en garde à vue pour une expulsion prochaine me hanta toute cette journée. Je téléphonai à droite et à gauche comme un animal pris au piège : c'est l'avalanche des mots que la peur déforme. Des mots dont on a peur d'évoquer jusqu'au sens.

Hilda me parla d'une femme qui travaillait à Amnistie internationale.

« Nous la contacterons pour voir ce qu'elle peut faire et nous t'accompagnerons s'il le faut au poste de police pour empêcher tout éventuelle détention provisoire. »

Ann me rassura en me proposant la solution extrême :

« Si c'est nécessaire, on te trouvera un lieu sûr pour te mettre à l'abri de la police. Et puis je contacterai des responsables du Parti des Verts pour médiatiser ton histoire. Ce qu'il leur faut, c'est un véritable scandale politique qui les forcera à vous reconnaître le droit de séjour... »

Mes amis étaient écœurés, ma famille bouleversée et j'étais à bout d'idées.

Cependant, je me voyais mal cachée dans un trou,

séparée de mes enfants et comptant les jours à l'instar d'un prisonnier. Je n'avais pas la moindre envie de lutter pour m'incruster dans un pays qui ne voulait pas de nous, pas la moindre envie de provoquer des remous politiques pour m'imposer sur une terre inhospitalière. J'aimais Vienne comme partie intégrante de la planète mais pas malgré elle. Ce que je désirais, c'était une certaine tolérance de la part des hommes. Nous tolérer le temps de nous préparer à nous en aller. Bientôt, je le répétai partout. Michelle me donna l'adresse d'une amie juriste.

Frau K., une jeune et jolie femme, s'y connaît parfaitement en matière de loi et pour cause! Elle ne travaille que sur des dossiers comme le nôtre dont l'issue heureuse est, pour ainsi dire, quasiment improbable. Je lui téléphonai, sollicitant une entrevue, et lui expliquai brièvement ma situation de ma voix entrecoupée d'angoisse, d'allemand et de français.

« C'est la procédure habituelle, rien de bien différent du cas de votre époux... me tranquillisa-t-elle. On ne vous expulsera pas de cette façon-là. Soyez sans crainte. Venez plutôt me voir à mon bureau... »

Une fois de plus, je me munis de notre impressionnant paquet de papiers et je vais débiter notre hallucinante histoire à Frau K. dans son joli petit bureau aménagé au grenier du cinquième étage du Magistrat de Vienne.

Elle est catégorique :

« Votre cas est difficile. Vous n'obtiendrez jamais rien en Autriche. Le problème est que vous êtes venus d'un pays apparemment en paix demander l'asile. »

Bien que je sache tout cela par cœur, je n'ose l'interrompre.

« De plus, la loi, continue-t-elle, refuse automatiquement l'asile à celui qui a préalablement obtenu une réponse négative dans un autre pays européen. Quelles qu'en soient les raisons.

— Je sais, et je suis d'accord, c'est injuste, c'est même inhumain, mais c'est la loi. De plus, vous n'êtes pas originaire de la Yougoslavie, votre mari est d'origine croate. Officiellement, la guerre se passe en Bosnie. Il ne veut pas faire la guerre, c'est entendu, et je sais que vous risquez le démantèlement de votre famille dès que vous mettrez les pieds en Croatie. Il sera envoyé au front pour six mois ou plus, tandis que pour vous et les enfants c'est la grande inconnue... Ces détails, les hommes sur place en pâtissent, mais ici, on les nomme les retombées inévitables de toute guerre. Je sais qu'à ce stade, c'est évitable. Moi, je le sais, les autorités le savent, mais les lois sont rigides et strictes, elles ne prévoient pas le cas par cas... Une action préventive? Trop beau pour être vrai! La loi ne fait pas de prévention de ce genre. »

J'avais raison sur toute la ligne! Raison d'avoir pressenti l'amère certitude : nous servions les lois et assurions leur existence. Pas elles, omnipotentes sur nos destins!

Elle fit le tour de notre affaire de la même façon que les autres, en vraie experte : ceux qui nous avaient reçu au Haut Commissariat des réfugiés puis qui avaient classé notre affaire, le vieil avocat que j'avais consulté et qui n'avait même pas accepté de m'écouter jusqu'au bout, comme si j'étais venue lui demander l'aumône, puis le jeune homme que j'étais allée voir à Amnistie internationale et qui m'avait demandé pourquoi nous n'étions pas venus directement de mon pays pour demander asile ici. J'attendais que la sentence tombe et qu'elle me propose une sortie de secours :

« Frau K., je sais que nous n'avons pas de chance de nous établir ici, par contre, nous avons la possibilité de nous en aller ailleurs. Il nous faut juste le temps d'obtenir les visas et de l'argent pour quitter. Quelques mois encore... »

Je sortis les certificats de sélection du Québec, preuve magique de notre bonne volonté.

Elle les consulta avec attention :

« En effet, c'est une très bonne chose. Avec cela, nous allons pouvoir négocier avec la police. Ils sont méfiants, vous savez. En principe, ils sont durs à convaincre, mais laissez-moi les photocopies de tous vos papiers et je contacterai directement le responsable de votre dossier. Ensuite, je vous aviserai. »

J'étais sincère à en pleurer :

« Je vous remercie, Frau K., vous êtes vraiment merveilleuse.
— Et moi, je pense que vous êtes très courageuse et vous allez réussir. Alors, tenez bon. »

Et elle me dédia un beau sourire. Cette fois, elle s'adressa à la personne que j'étais, être humain vivant, et non au cas portant le numéro des contentieux qui grossissaient le désespoir de sa cause...

Comment rester entier, comment rester vivant et optimiste, comment respirer encore sans suffoquer et sans peur, comment considérer le bonheur humain, comment recommander aux autres l'espoir auquel on ne croit plus?

Ma vie est comme une page sur laquelle j'écris tout, je le dis, en juge et accusé.

Je me juge sévèrement d'avoir cru que l'homme est libre.

Il n'y a pas d'homme libre sur terre.

Je m'accuse d'avoir crié trop haut qu'il ne faut jamais courber l'échine, pour rien au monde, encore moins pour quelques parcelles de droit.

Je m'accuse d'avoir cru qu'il existait vraiment assez d'êtres intègres sur terre.

S'il en existe encore, ils doivent souffrir énormément.

Nous avons vieilli, Nadir et moi.

Les enfants ont trop vite grandi.

Nous avons pris en deux ans plusieurs années d'une expérience que l'on n'acquiert nulle part ailleurs que sur le chemin du purgatoire qui est le nôtre. Le bonheur, pour nous, a tellement rétréci son horizon que nous l'apprécions plus fort encore... Pour nous, la mort a changé de sens. Nous avons appris qu'elle est loin d'être la plus terrible des choses qui puisse arriver à l'homme.

Nous avons appris l'art d'être élastique.

Nous avons appris à apprécier le bon et le mauvais côté des choses afin de pouvoir survivre à notre grand naufrage.

Nous avons adopté de bon cœur la simplicité volontaire jusqu'à l'extrême dénuement.

Mai 1995

Vivre dans des conditions précaires, dans l'illégalité ou dans une ville assiégée, ou encore dans une prison, ou frappé d'une maladie débilitante qui mettra très longtemps à guérir procure le même sentiment d'impuissance et de dépendance et bouche l'horizon personnel comme un mur qui décourage toute tentative d'évasion. On en vient à haïr le temps qui s'égrène lentement, lui dont on dit pourtant qu'il fait mûrir les situations et qu'il est souvent le meilleur des remèdes.

Ce temps qui s'étirait au jour le jour menaçait cette liberté provisoire et conditionnelle de vivre sur un territoire interdit où seule la liberté inaliénable de respirer l'oxygène gratuit nous est permise...

Nadir a eu beau expliquer aux policiers qui vadrouillent en ville qu'il détient l'autorisation d'exercer et déclare ses impôts, il reste une personne dissociée à leurs yeux. On lui reproche de ne pas détenir de visa sur son passeport, ce tampon magique qui matérialise soudain l'être au regard des autres. Le droit de travailler que les uns permettent et légalisent est ainsi remis en cause par d'autres en l'absence de la légalité de la personne même qui l'exerce! Alors, comment payer ses impôts à une ville qui ne vous reconnaît pas le droit d'être l'un de ses membres à part entière? Une personne invisible serait au moins exempte de ce devoir! Les policiers, eux, se retrouvant dans un carrefour de lois folles et contradictoires, secouent la tête, refusant de résoudre l'insoluble et de le laisser vaquer à ses murs!

Que l'on vive à Paris, à New York ou à Vienne, dans des sous-sols humides et obscurs ou dans un bel appartement confortable mais sur la démarcation du supportable, la vie ne peut être vécue dans son plein sens. On vit dans la ville en exclus.

Comment demander à un pauvre bougre d'immigré, venu améliorer son quotidien, au prix de sa santé laissée sur le béton de la capitale, qui rentre chez lui et doit respirer la moisissure de ses murs, d'être joyeux de vivre à Vienne?

Comment demander à un réfugié d'ex-Yougoslavie, réduit à l'esclavage, de s'estimer heureux de travailler dans une buanderie d'hôpital alors qu'il était professeur de mathématiques à l'université de Sarajevo?

En flânant au hasard, dans les pompeux arrondissements de Vienne, s'il m'arrive de m'oublier à contempler l'architecture monumentale des palais impériaux ou le ciel gris qui les surplombe et que j'en éprouve un sincère emportement, l'élan en est immédiatement brisé par le sentiment de *l'illégalité*. Cette condition artificielle qui sépare les gens dans des catégories bien définies, comme dans des ghettos, vous hante et constitue un élément discriminatoire. Et pourtant, je sais qu'il en sera toujours ainsi.

Juin 1995

Nos contrôles médicaux furent rapidement effectués. Cependant, une autre lettre arriva de l'ambassade canadienne qui n'augurait rien de bon. Alors, il fallut refaire d'autres analyses, payer des frais additionnels, attendre, espérer, halluciner.

Bientôt mes examens d'allemand. Là encore, je dois payer pour l'obtention de ce fameux diplôme qui me tient tant à cœur et qui contrebalancera la somme totale de toutes les humiliations essuyées dans les bureaux froids du Service des étrangers.

Je sens la tristesse briser la voix douce de Hilda qui m'encourage à essayer encore de lutter sur place pour un idéal qui n'existe que dans sa tête et que les lois ont limogé depuis longtemps déjà. Je devine le profond désappointement dans le regard de mon prof d'allemand, militante d'âme et de cœur, qui aurait tant aimé que je résiste encore dans mon maquis jusqu'à ce que j'obtienne gain de cause. À quel prix? Pour quelle raison? Je ne me bats pas pour contrecarrer les lois d'un système judiciaire dont j'ignore tout. Je ne veux pas servir de pâture aux amateurs de sensations fortes, médiatiser une histoire dure, oui, mais à la limite assez courante. Des réfugiés sans refuge sillonnent le monde depuis la nuit des temps à la recherche de terres hospitalières où l'homme n'a pas cédé à son instinct destructeur, où des êtres cléments et pacifiques ont trouvé un mode de communication autre que les armes et la violence et se sont mis d'accord pour vivre ensemble. Les réfugiés sont de nature des êtres paisibles qui cherchent la paix. Ils ne fuient pas par lâcheté ou manque de courage mais pour sauver le peu de paix qui reste sur terre. Ils la transportent en eux de génération en génération comme une semence sacrée et la sèment partout, sur toutes les terres qu'ils traversent. Ce sont des soldats de la vie, qui préfèrent céder leurs biens devant l'incoercible injustice et transporter la vie ailleurs où elle aura plus de chance de grandir et de s'épanouir.

Il m'importe peu de vivre à Vienne ou dans une autre ville pourvu que j'y sois acceptée sans questions du genre :

« Pourquoi êtes-vous venus?
— Quand repartez-vous enfin? »

Nomades et bohémiens, n'ayant guère plus de bagages que les oiseaux migrateurs qui cherchent juste l'essentiel pour assurer leur survie, nous repartirons...

Juillet 1995

Le six juillet, nous recevons la nouvelle la plus belle de notre vie : nous sommes admis en résidents permanents au Canada et il ne faudra plus que présenter nos passeports pour obtenir nos visas! Voilà enfin le miracle que j'implorais depuis la Suède!

Le rai de lumière devenait rayon et illuminait audacieusement notre espace vital. Nous allions émerger de l'anonymat, devenir concrets, visibles et membres d'une société à part entière. Nous allions souffler enfin! Réapparaître soudain. Recouvrer le droit au respect. Ne plus avoir à baisser les yeux ni courber l'échine d'accablement devant les officiers exaspérés de la *Fremdpolizei*.

L'étape suivante fut celle du renouvellement de mon passeport périmé. Je tentai d'obtenir une prolongation de quelques mois auprès de mon ambassade, mais l'ambassadeur ne voulait prendre aucun risque.

« Écrivez-moi une lettre, me dit-il. Expliquez-moi votre cas. Nous verrons ce que nous pourrons faire. »

Quelques jours plus tard, je fus reçue par le consul.

« Vous pouvez rentrer au pays et renouveler votre passeport », me proposa-t-il tout simplement.

J'allais lui répéter ce qui était clair et ce qu'il devait savoir : je ne devais absolument pas bouger d'Autriche. Ma bouée de sauvetage était là, dans ce pays, à ma portée, il me suffisait de quelques brasses, quelques mètres pour l'atteindre. Je n'allais tout de même pas me suicider alors que mon but était justement de chercher du secours pour demeurer en vie. Partir en Algérie? Pas question! Il devait exister d'autres solutions que celle-ci. Alors, de ma voix la plus douce, j'expliquai :

« Je n'en ai pas les moyens et, si je risque ce départ, croyez-moi, je n'obtiendrai jamais de visa pour retourner à Vienne. Je vous demande de m'aider, de m'éviter la séparation de ma famille. »

Il saisissait parfaitement ma situation; cela se voyait à l'expression de son visage, mais il n'avait pas le pouvoir de décider. Je comprenais sa prudence, puisque je connaissais le mode de fonctionnement du système de mon pays.

« Expliquez-moi tout cela par écrit et en détail. Fournissez-moi tous vos documents de voyage pour le Canada. Nous allons envoyer un télex à Alger pour leur demander l'autorisation de vous accorder la prolongation de votre passeport pour quelques mois.

— Combien de temps faudra-t-il attendre? demandai-je la voix étranglée de chagrin.

— Quinze jours au plus. Mais soyez certaine, madame, que nous vous aviserons aussitôt que nous aurons des nouvelles. »

Habituée aux terribles lenteurs administratives de mon beau pays, aux oublis inopinés, je paniquai à cette idée. L'Algérie avait assez de problèmes à débattre pour s'occuper de la fourmi que j'étais. Je n'avais pas l'ombre d'une illusion qu'on allait s'occuper de moi...

J'avais perdu confiance en la quasi-totalité des êtres humains et en leurs systèmes. Mais j'avais tort. Je devais avoir tort puisque j'avais fait un chemin considérable depuis mon premier jour à Vienne et je ne pouvais attribuer ce travail colossal à ma seule débrouillardise. Non. Il y avait de l'espoir, des pépites, des myriades de pépites d'or nommées espérance, courage, patience, foi, lesquels, une fois réunis, formaient un bijou splendide, apothéose finale d'un long travail.

« Je vous remercie de m'avoir reçue et écoutée. Je vais vous écrire une autre lettre », lui dis-je au bord des larmes.

Je sortis de l'ambassade avec l'envie impérieuse de pleurer. Mais la douleur demeura bloquée dans ma poitrine tout le long du trajet. Je descendais du tramway pour prendre le métro. Courte correspondance qui s'étirait à l'infini. J'avais tellement mal que je voulais rentrer au plus vite pour m'étendre et laisser la douleur sortir de mon corps.

Néanmoins, il fallait continuer à chercher d'autres issues. Ne pas rester bras ballants à attendre que les événements surgissent de la boîte à mauvaises surprises. Conjurer le mauvais sort, semer ici et là des embûches sur le passage de la malchance. Et surtout, respecter le pacte de l'espoir, seul antidote contre la dépression.

À nouveau, je contactai Frau K.

« Vous pouvez demander un passeport pour l'étranger, m'assure-t-elle. Mais oui, la *Fremdpolizei* peut vous l'établir puisque vous avez vos visas. Je vais leur téléphoner et vous aviser. Pour un aller simple. »

Ce pompeux passeport devait être tout bonnement un laissez-passer, aller simple que toute administration policière établit pour éconduire légalement et à sa grande satisfaction les indésirables de son territoire. Logique. Du coup, cette seconde solution me rassurait. Enfin la police allait devoir collaborer avec moi pour son propre intérêt! Quelle ironie du sort!

Août 1995

Nous bouclons deux années de vie sur ce petit paradis terrestre si sophistiqué dont, je sais, nous aurons tout de même du mal à nous séparer. Même une mère peu affectueuse est une mère qu'on aime, ne serait-ce que pour l'attachement nécessaire qui nous lie à elle, biologiquement. Vienne baigne dans la lumière magique de l'été mûr et nous ne sommes plus en dehors du décor.

Ce soir, nous sommes à la gare de l'Ouest et attendons l'arrivée de ma sœur, accompagnée de ses trois enfants. Plusieurs années se sont déjà écoulées entre le moment où ils ont émigré en France et notre vagabondage à travers l'Europe.

La perspective de quitter le continent commun – qu'un simple parcours en train suffisait à traverser – sans nous revoir auparavant nous angoissait; nous voulions vivre quelques jours ensemble avant de nous accommoder d'une séparation plus grande dans l'espace et le temps.

Le train à peine arrêté, voilà trois galopins dégingandés, tous bronzés, jaillissant de la portière les premiers, sautant prestement sur le quai viennois, le regard lancé le plus loin possible à notre recherche, alors que nous allongeons le cou dans d'autres directions pour capter leurs frêles silhouettes. Ce ne sont pas les bambins auxquels je m'attendais, petits dans ma mémoire, craintifs dans un espace inconnu, avançant précautionneusement l'un après l'autre, mais de solides enfants que le plaisir d'un si long voyage fomenté depuis des mois rendait heureux. Réad, le plus jeune, respirait un bonheur à l'état pur par tous les pores de son jeune corps excité, une joie si intense qu'elle transparaissait dans les magnifiques prunelles dorées de ses yeux intelligents. Volubile, friand de détails, il racontait avec une étonnante célérité les moindres anecdotes de leur périple depuis la ville de Perpignan. Quant à son aîné Damir, de nature plutôt réservée, il attira sa cousine à l'écart pour s'épancher à son aise. Sarah, collée à ma fille, buvait les mots des uns et des autres et applaudissait de ravissement à leurs éclats de rire. Dan était là. Sobre. Fier d'être le plus grand et de se le faire dire par une tante naguère presque sa mère lorsque la nécessité d'une longue séparation le privait de moi. Dan, une fois le cap de ses quatorze ans passés, n'était plus enclin aux confidences. Détaché des enfants et encore loin des adultes, solitaire sur une île étroite, il observait ce monde agité auquel il appartenait malgré tout. Étant l'aîné des neveux et des petits-enfants de toute la grande famille, il devait faire honneur à son titre. Quant à ma sœur et moi, nous nous scrutions attentivement le visage à la recherche de nouvelles rides, celles que le bonheur creuse à la commissure des lèvres et au coin des yeux, celles que le souci laisse indélébiles sur le front malgré les crèmes et le repos. Alors, nous balayions du revers de la main ces années imposées qui nous avaient offert avec la maturité plus de poids à traîner, celui des moments durs, des incertitudes, des peurs incontournables que l'on finit par assumer seul. « Tout va bien, allons, pas de panique », nous disions-nous en rigolant des premiers signes de vieillesse que nous reléguions dans la solitude de nos salles de bains, loin de nos conversations échevelées.

Nous étions heureux, un bonheur non usurpé, les derniers à abandonner la gare drainée de toutes les vibrations humaines, traînant nonchalamment les pieds pour donner au temps plus d'élasticité et d'importance; nous emportions de palpitants souvenirs de couleurs et d'odeurs glanées par-ci, par-là, nous arrêtant pour boire les mots lentement, capter les expressions fugaces, caresser du regard quelques petites scènes, anodines pour d'autres, particulières pour nous. Et, pour bien marquer le début des vacances, au pied des escaliers roulants, nous imprimions définitivement nos visages sur la pellicule du film couleur. Grimaces et gestes suspendus. Hâles d'un été brûlant. Repus d'émotion, les enfants n'en pouvaient plus. Il fallait répartir le transport des bagages et rentrer. Enfin nous allions nous reposer de notre mortel quotidien qui tuait toute la joie de vivre!

La nuit, lentement, presque à notre insu, avait enveloppé la ville. Puis, une à une les étoiles s'allumèrent. Le bleu tendre du crépuscule fluctua en vagues imperceptibles jusqu'aux confins des quatre horizons et devint plus riche et soyeux. J'aimais le ciel viennois, j'en étais amoureuse. Une brise à peine plus tiède que la caresse d'un enfant presque endormi sur la joue maternelle passa dans l'air. Ma sœur, émue, se retourna vers moi et sans parler essuya une larme. C'était un aveu de bonheur.

Royale, ma ville resplendissait dans sa nuit chaude, parée de sa beauté, attachante. À l'égal d'une belle dame élégante et altière, elle ne laissait personne indifférent. Quoi? N'étais-je donc pas l'inconnue apatride qui n'avait jamais su apprivoiser de bon cœur une ville respirée jusqu'au bout du possible? N'ayant rien à offrir, j'offrais Vienne dans un déploiement de bonheur inattendu.

Chaque jour, nous sillonnâmes les petites rues sinueuses du premier arrondissement et qui convergent presque toutes vers Stephansdom, ce sanctuaire devenu aujourd'hui le symbole de la ville. Nous empruntions la Karntnerstrasse, la rue la plus élégante et la plus riche, et flânions au rythme de la foule estivante jusqu'au Wiener Staatsoper[3] où nous faisions une halte. Lâchés enfin dans l'immense rue piétonnière, nos enfants s'en donnaient à cœur joie tandis que nous succombions à la tentation de franchir le seuil des luxueux magasins pour y admirer mille babioles en cristal de Bohême finement ciselé, en porcelaine peinte à la main ou en bois

---

3. Opéra national de Vienne.

sculpté. Alors, nous nous soulagions de quelques billets pour le plaisir de la possession d'un bel objet superflu qui marquerait l'heure et le jour de notre passage ensemble, ici-bas. Ma sœur aimait collectionner les pots à lait, tarabiscotés, ventrus, minuscules, aux mille couleurs désuètes. Nous rentrions tard le soir, lorsque le soleil, essoufflé de servir le monde, s'en va prendre son bain de minuit et lègue à la lune la mer bleue du ciel aoûtien.

À ces heures tardives, après nos vagabondages, nous servions fromages et fruits en abondance aux enfants affamés, puis nous nous jetions sur nos lits de fortune, simples couvertures et draps à même la moquette. La nuit passait vite au gré de nos murmures étouffés et des souvenirs que l'on réveillait. Il nous suffisait d'entrouvrir à peine la boîte des réminiscences pour que mille lambeaux de soleil, de regret ou de chagrin en débordent sans égard à la chronologie du temps. Alors, nous devions choisir d'un commun accord celui que l'on voulait ranimer à la vie. On allait tantôt à Oran, errer dans les rues en pente à la recherche de nos vingt ans, ces jours précieux dilapidés comme une fortune non gagnée, tantôt sur les rivages dorés de Split où la mer, paresseuse, se meut à peine sous les brises marines. Là, sur ces plages limpides, tranquilles, presque désertes, nous humions l'air pur, cet air de nos trente ans, libres de toutes attaches, le temps d'un été.

Nous calculions la somme des jours heureux et en venions à la conclusion qu'ils pouvaient tenir dans une poignée de main, légers, odorants, très raffinés comme l'est le temps infidèle qui nous dépasse.

Puis ce fut la tournée des Palais, superbes monuments architecturaux tel celui de l'impératrice Marie-Thérèse, juchée sur son monument et entourée de ses conseillers militaires et scientifiques, le palais Auersperg dont une partie des salles est de style classique tandis que le reste est baroque. Nous visitâmes le palais du prince Eugène, situé sur la Himmelspfortgasse, le Belvédère, monumental château composé de deux parties dont le Belvédère inférieur et le Belvédère supérieur, le somptueux Palais royal de Schönbrunn dont la beauté infinie de l'architecture florale des allées et jardins défie toute imagination. Enfin, le Parlement au style néo-grec où siègent de nos jours le Conseil national et le Conseil fédéral.

Les immenses avenues, vastes, aérées, accueillantes semblaient inviter le promeneur ébahi à pénétrer l'histoire par la porte du rêve et de l'enchantement. Et, immanquablement, nous finissions lentement par nous laisser emporter par la magie viennoise, un sourire béat sur les lèvres. Nous ne rations que ce que nous n'arrivions pas à rattraper. Nous réservions nos promenades pour les jardins : le Volksgarten[4], le Burggarten[5], où trônent les statues de Mozart, de François Ier et de François-Joseph Ier, et le Stadtpark. Ce dernier devint notre préféré et nous y retournâmes souvent.

Vienne, ville de culture, d'arts et d'événements artistiques de tous genres, ne dort jamais. Si bien que le citadin dont la façade de l'appartement se trouve sur une artère même secondaire doit composer avec la respiration constante de la capitale, la circulation continuelle du trafic routier, l'éclat de la vie chaude, palpitante, continuellement, vingt-quatre heures sur vingt-quatre.

Nous longeâmes au cœur de la nuit chaude et humide les rives interminables du beau Danube bleu dont la couleur n'est plus qu'un lointain et irrémédiable souvenir, puis nous fîmes une croisière d'un bout de la ville à l'autre. Mais les enfants, insatiables, avaient leur mot à dire et, ce qu'ils décidaient d'avoir, ils l'obtenaient à force de persévérance et de bouderie. Réad était celui qui nous tenait le plus férocement tête malgré son jeune âge. S'il réclamait quelque

4. Les Jardins communaux.
5. Le jardin du Palais impérial.

chose, tout le groupe le suivait et le soutenait. Il s'accroupissait comme un petit vieux, adossé au pilier d'une place publique, et nous laissait faire. On suppliait, on menaçait, on se fâchait, on faisait mine de partir et de l'abandonner, rien ne le décidait à céder. Il devait nous observer du coin de l'œil et deviner nos simagrées et notre désarroi. Il usait de patience et de passivité. Alors, nous finissions par négocier. Il est de notoriété universelle que les enfants ne raffolent pas de promenades en ville ni de visites de musées et de châteaux. Ce qui satisfait leurs besoins, ce sont des activités où leurs corps sont physiquement engagés, malmenés, éprouvés. Amateurs de sensations fortes et de délicieuses frayeurs, ils cherchent – à l'encontre des adultes qui, gavés au quotidien de cette surconsommation forcée, l'évitent – à braver la vie sous forme de jeux.

C'est ainsi qu'il fallut les accompagner à Prater, gigantesque parc d'attraction dont l'avantage est d'être situé en ville et facilement accessible par métro. Nous dûmes débourser stoïquement les sommes nécessaires à leurs jeux effrénés et à leur ravitaillement. Et patienter jusqu'au départ des derniers visiteurs. Ces soirs-là, fourbus, fiévreux de cette fatigue saine qui épuise le corps de contentement, les enfants ne se faisaient pas prier pour se jeter dans les bras de Morphée. Et une partie de la nuit nous restait enfin intacte pour nos épanchements.

L'un des derniers endroits visités fut le Donauturm, tour de deux cent cinquante-deux mètres, située dans le Donaupark, juste à côté de l'ONU et du haut de laquelle le regard peut embrasser Vienne et ses alentours.

Ma sœur aimait souvent retourner au Stadtpark où émanait particulièrement cette attachante nostalgie des siècles passés. Chaque soir, l'orchestre de la cafétéria y jouait de la musique classique. Assise non loin du monument du roi de la valse, Johann Strauss, ma sœur se laissait emporter par les notes et les intonations qui naissaient, s'entrelaçaient, virevoltaient, chatouillaient, invitaient, tels des papillons insouciants. La valse exécutée par des danseurs professionnels à la terrasse du café l'emportait dans un rêve qu'elle figeait dans des photos-souvenirs.

Nos endroits préférés étaient les rues Herrengasse et Graben. Nous y allions seules, égoïstement, prendre à la terrasse d'un café de délicieuses crèmes glacées ou un gâteau au chocolat. Nous nous levions tôt le matin, prenions toutes nos précautions pour que les enfants ne se réveillent pas et empêchent notre escapade. Nous nous glissions furtivement dehors et empruntions le métro droit au premier arrondissement. Là, nous débouchions sur la rue Graben fraîche encore à cette heure mais très animée déjà. Nous riions de notre audace et profitions de chaque miette de notre liberté. Notre café, odorant, prenait l'allure d'un breuvage divin car savouré gorgée par gorgée, sans stress. Puis, nous allions honorer les magasins de nos sous et rentrions au moment même où nos gamins, les yeux bouffis de sommeil, se décidaient enfin à prendre leur petit-déjeuner!

Nous visitâmes encore le Grinzing, région viticole très populaire de Vienne, connue pour ses Heurigen, des guinguettes où le vin nouveau est servi par le vigneron. Musiques de violons, guitares et accordéons emplissent les locaux et les alentours, les fins de semaine particulièrement. C'est là, sur Grinzingerstrasse 64, Probusgasse 6, Doblingerhauptstrasse 92 et Pfarrplatz 2 que vécut Beethoven. Comme il aimait déménager souvent, il eut six autres maisons où il habita. Puis nous escaladâmes les collines du Kahlenberg qui offrent une vue splendide de Vienne. Nous y passâmes toute une journée avant de clore le chapitre de nos randonnées.

Nous sommes à nouveau sur le même quai et il ne fait plus beau.

Le vent, déjà froid, fouette nos visages que la peine veut à tout prix allonger. Nous sommes debout, à user de ces mots boiteux que l'on n'aime pas échanger avant la séparation et qui sont pourtant les seuls à se bousculer pour nous faire mal. Nadir propose des cafés viennois pour nous détendre. Le train est déjà là, impassible. Nos enfants se pointent du regard, silencieusement. Amira tient Sarah par la main. Le temps avale rapidement nos quelques minutes de sursis. Et il leur faut monter dans le wagon. Je souris avec effort, bloquant le flux des commentaires inutiles et des effusions de dernière minute. Le train démarre et prend rapidement de la vitesse tandis que nos regards se détachent des uns et des autres. Le vent fait le reste, nous chassant du quai désert.

La première nuit passée seuls, chez nous, fut étrangement vide et triste. Nous eûmes du mal à nous endormir. Notre appartement nous semblait immense. Il nous fallait parler d'eux, suivre leur trajet en esprit, deviner à quelle gare ils étaient déjà arrivés, nous consoler. Le lendemain, le téléphone sonna joyeusement de France.

« Je te remercie pour les merveilleux moments que nous avons passés ensemble! » cria ma sœur pour couvrir le brouhaha des voix enfantines excitées derrière la sienne.

Septembre 1995

Le même refrain déjà connu et adopté. Le retour des enfants à l'école. Le travail au noir désormais normalisé et banalisé. Les lettres bleues de la police, toujours vigilante, qui usent les nerfs, faute d'autre chose. Les factures, plus lourdes à payer, les derniers préparatifs à envisager. Le compte à rebours est déjà commencé.

Mille détails, en apparence insignifiants, devront être réglés avant ce grand voyage. Liquider tous nos biens, ce qui veut dire : tenter de vendre nos meubles encore neufs, nos appareils électroménagers, offrir notre vaisselle dépareillée au nouveau locataire, pauvre diable de Serbe qui a eu, à notre instar, tant de mal à dénicher notre nid douillet, offrir à la Croix-Rouge le surplus de vêtements dont nous ne pouvions nous embarrasser.

En deux ans, l'habitude s'installe confortablement malgré toutes les réticences.

L'habitude dompte l'indomptable. Elle fait tout admettre et supporter. Et elle vainc le pire des ennemis parce qu'elle n'a aucun flanc à lui offrir hormis celui de sa présence envahissante et invisible. Il n'existe pas de police au monde entraînée à la détruire, c'est elle qui vient à bout de n'importe quel homme. À moins d'une volonté d'acier individuelle, d'une motivation aiguë, constante, rien, aucun levier ne déterre ses racines, une fois qu'elles se sont ramifiées quelque part.

C'est ainsi que nous nous sommes finalement habitués à notre état civil particulier, à notre condition de payeurs d'amendes, comme la police s'est habituée à se contenter de nos entrevues mornes et stériles où nous n'opposions aucune résistance à leurs légitimes exigences. À force de répéter les mêmes réponses inchangées, nous nous sommes épargné quelques minutes de leurs interrogatoires. Ce jeu d'échecs devenait insipide pour les deux parties. L'habitude en a fait ainsi. Il n'y avait plus rien à attendre d'une part comme de l'autre. Ils voulaient qu'on parte et nous acquiescions à ce désir, preuves à l'appui. Bien entendu, ils étaient méfiants, croyant à des manœuvres de diversion pour gagner du temps. Mais avaient-ils le choix? Non, ils n'avaient de choix que de nous accorder le bénéfice du doute. Donc, nous pouvions nous estimer en position de force. Amère victoire. Logiquement, toute situation sans issue peut s'inverser et trouver alors plusieurs sorties de secours. Rien n'est fondamentalement impossible. On peut tout manipuler avec perfection, sauf la destinée des hommes. Nous le savions. L'omnipotente *Fremdpolizei* devait au mieux espérer une partie perdue servie sur un plateau. Malgré les apparences, dont on dit souvent qu'elles sont trompeuses, nous avions tenu. Tenu bon. Nous allions partir, sortir du jeu et abandonner la partie sans gagnant.

Le ciel revêt les douceurs orangées de l'automne. Bientôt les vents se lèveront et iront jouer entre les branches des arbres fatigués de chaleur. Alors tourbillonneront comme à chaque saison des myriades de feuilles, libres de toute pesanteur et de toute attache pour couvrir le sol brûlé à la grande satisfaction des promeneurs qui les feront doucement gémir sous leurs pas. Bientôt, les premières pluies tambourineront en diagonale le dos des passants sur Mariahilferstrasse, les chasseront jusqu'au premier abri et je prendrai allègrement ma première douche automnale, libérée de la peur d'être expulsée le lendemain de l'Éden. Je ne suis plus si portée aux émotions fortes, tout est dilué un peu et forme un être apaisé et fragile. Je sais que ma force égale ma faiblesse et cette connaissance m'aide à saisir plus que quiconque l'horrible précarité de tout bonheur. Tout s'apaise et rentre dans l'ordre.

Je suis cet être qui n'a plus d'espace qu'en lui-même, ayant perdu le sens de la possession. Ce sentiment, fort, d'avoir son carré de terrain, son toit, cette indispensable sensation vitale, nécessaire à l'équilibre personnel ne m'habite plus. Prête dans ma tête à larguer le port d'attache autrichien comme on part sur Mars ou dans l'au-delà... Comment expliquer à celui qui n'a pas fait le deuil de multiples pays et de multiples visages que cela peut exister?

Comment troquer Casablanca contre Alger la blanche puis calquer sur sa belle blancheur la hautaine ville de Zagreb où l'hiver balkan m'enivre, puis l'échanger contre Vienne dans sa tendre indifférence pour partir enfin aux confins de l'Amérique du Nord épouser Montréal sans l'avoir jamais connue auparavant? Il n'y a que celui qui a renoncé à la possession physique qui peut arriver à aimer tous les pays à la fois, à trouver à toutes les villes de la planète une beauté originale, différente et inégalable. Et c'est pourquoi je ne sentis même pas glisser le mois de septembre sur ce temps qui nous rapprochait du départ. Bientôt une profonde mélancolie s'empara de moi, et je commençais lentement à me préparer à une apaisante hibernation.

Octobre 1995

Je me recroqueville frileusement tout contre la porte-fenêtre de notre douillet appartement et je contemple le lent mouvement des gros nuages superposés en masses grises qui menacent d'étouffer la ville. Imperturbable, le temps s'émiette lentement, s'annonce, se suspend, prévient, puis disparaît pour rejoindre la chaîne passée. Mais je n'ai plus peur comme avant. Au temps de l'hôtel de Neustiftgasse. Il peut jouer avec moi, me narguer, je l'attends au coin de la nouvelle seconde, définitivement vaccinée contre le désastre. Puisque tout peut arriver, vaut mieux s'armer de courage et attendre.

Enfin, la police consentit à me procurer un passeport pour quitter son territoire, mais la procédure, il fallait s'y attendre, durerait deux mois et nécessitait la présentation d'un dossier, dont la traduction de certains papiers. La machine administrative, décidément vorace et à l'affût de la moindre occasion pour se faire du fric, ne souffrirait jamais de chômage! Un dédale cauchemardesque où chaque obstacle se paie cher, de cet argent durement gagné et dans des conditions que peu d'Autrichiens accepteraient.

Fourbue, ce jeudi après-midi, je rentre du travail, la traduction des documents certifiés en main. Indifférents à mon sort, les enfants sont affalés à même la moquette et manipulent leur Nintendo avec l'obsession requise tandis que l'appartement, sens dessus dessous, exhale le souvenir désagréable des nuits chaudes et humides, l'odeur des draps maculés de sueur et des restes de nourriture. Ce relent étouffant me soulève le cœur, mais j'économise mes forces. La vaisselle sale me nargue dans la cuisine et le repas à faire, pour le soir, n'attend que moi. J'en appelle au courage qui se dérobe.

Ma fille se tourne vers moi et me lance :

« Maman, une femme a téléphoné, une Algérienne, je crois. »

Je ne connais aucune Algérienne à Vienne, mais je réalise rapidement qu'il ne peut s'agir que d'une employée de l'ambassade. Il est presque dix-sept heures. Je téléphone à tout hasard. Une voix de femme me répond :

« Madame, vous pouvez vous présenter pour prolonger la validité de votre passeport... oui, oui, la réponse d'Alger est arrivée... »

Je remerciai et insistai pour me présenter le lendemain : j'avais peur qu'une décision contraire vienne tout démolir!

« Non, venez plutôt la semaine prochaine avec de l'argent pour les timbres fiscaux. »

Je m'affaissai à mon tour à côté de Dan, le regard toujours rivé à l'écran de la télévision à se stresser, accordant à mon corps la grâce de se détendre de la sensation douloureuse de cet étrange bonheur. Quelle triste joie que d'en être arrivée à jubiler de l'obtention de sa propre identité validée, curieuse réanimation de l'être sur un morceau de papier que les autres contrôlent et octroient! Cette liberté de mouvement, étroite ou illimitée – la mienne valait six mois jour pour jour – selon le ciel sous lequel une personne est née, j'allais enfin l'avoir pour décoller du cercle vicieux de la malchance. J'eus envie de pleurer. Parce que presque tout était fait. Parce que j'avais accompli ce que j'attendais de moi-même et ce que les autres attendaient de moi, avec ferveur, les miens, et animosité, ceux que ma présence dérangeait. Enfin, tout le monde allait être soulagé. Plus sensible à mes états d'âme, ma fille m'entoura tendrement le cou de ses bras graciles et partagea avec moi le soulagement d'en avoir fini avec mon sempiternel problème de passeport. Elle sauta de joie à l'idée que sa maman allait bientôt être comme tout le monde, une mère légale avec un vrai visa et un vrai passeport.

En classe, me racontait Amira, tout le monde savait que nous allions partir.

Ils en parlaient soudain de notre voyage. Partout. L'Amérique est floue. Inaccessible. Sauf sur le globe terrestre de l'école qu'il suffit de bien scruter pour démêler dans le fouillis planétaire quelle ville sera la nôtre. Puis, du bout des doigts ma fille émerveillée trace pour les élèves le chemin qu'elle parcourra depuis l'Europe jusqu'aux confins du continent nord-américain, là où elle sera enfin libre comme les autres...

Si Dan ne parlait pas, taciturne et réservé de nature, il se préparait à sa façon.

Je le voyais fouiner dans les souvenirs qu'il allait emporter et ceux qu'il devait larguer ou offrir à ses rares amis. Méthodique, très organisé, il classait tranquillement ses affaires, collections de timbres, livres sur les extraterrestres.

Je sentais son apaisement confiant en ces parents qui, contre toute attente, avaient quand même décroché la lune au beau milieu d'un ciel sans étoiles.

J'observais les miens, attentivement, car je suis très observatrice, et je me nourrissais de ces détails non verbaux qui en disent plus long que les discours. Je voyais Nadir s'attacher aux moments les plus agréables de son boulot, qui avait nourri nos corps et son moral et l'avait hissé au sommet de son estime de soi. Il se sentait enfin patron respecté dans ce milieu féroce de la publicité où la loi de la jungle prévaut sur toutes les autres. Triste paradoxe. Au moment où il avait fait tellement de chemin pour gagner la confiance des agences les plus réputées de Vienne et décrocher sans trop de peine les meilleurs contrats de la saison, voilà qu'il devait à nouveau plier bagage et partir. Partir et tout refaire sur un continent à peine connu sur carte géographique. Nadir aimait sa vie de saltimbanque nocturne, accroché sans peur aux murs les plus audacieux de la ville à placarder ses affiches, et il ne s'en cachait pas. Et Robert, son meilleur copain de guerre, en était atterré. Il allait perdre un bon allié, un passionné de la rue et de ses batailles nocturnes.

Cette préparation, cet arrachement dont tout le monde devait s'accommoder, me mettaient mal à l'aise. Ce curieux sentiment de perte m'a accompagnée depuis.

Chez Madame Pranzl, l'atmosphère est également à la tristesse. Nous sommes assises, toutes les deux, dans sa magnifique cuisine qui surplombe les belles montagnes du Grinzing qui sentent si bon l'hiver. Son café a un goût particulier, celui de l'amitié qui ignore toutes les barrières artificielles que certains posent en garde-fou pour se prémunir de l'autre : il me réchauffe le corps engourdi avant le retour à la maison et ravive mon âme éperdue d'espoir qu'un jour nous serons tous frères, assis ainsi, côte à côte, sans le moindre malaise. Depuis deux ans, c'est le même discret rituel. Nous murmurons des confidences de femmes, des soucis de santé, des préoccupations quotidiennes. Nous sirotons notre café pour en prolonger la saveur. Nous profitons des derniers instants de notre amitié désintéressée.

Elle ne voulait pas se séparer de moi, non parce que j'étais sa femme de ménage – les bureaux d'emploi en regorgent et elle avait réellement contacté toutes les personnes qu'elle connaissait pour m'aider à trouver un poste d'éducatrice –, mais parce qu'elle avait mal de nous voir partir et recommencer ailleurs. Elle imaginait difficilement notre déambulation vers des horizons où nous n'aurions ni famille, ni amis, ni voisins. Je tentai bien de la rassurer, tapotant avec affection sa main :

« Nous n'avons pas le choix. Quand on n'a pas le choix, c'est plus facile. Lorsqu'on est souvent tombé, on apprend plus vite à se relever. L'expérience, voyez-vous. Nous ne perdons rien de ce que nous avons acquis ici. Nous emportons tout avec nous. »

Je n'avais vraiment jamais vu Madame Pranzl aussi peinée. Elle se leva, ouvrit son armoire et en sortit un bibelot en cristal : une jolie petite souris signée Swarovski.

« Elle vous portera bonheur. Gardez-la en souvenir de moi. »

Le dimanche 12 novembre 1995

Minuit à Vienne. Je n'arrive pas à dormir. J'ai mal. Pour la vie qui se blesse, dérape, s'en va trop tôt. N'engage à rien et ne s'engage à rien non plus. La vie que tout peut tuer et qui renaît pourtant de ses propres cendres.

Je pense. Je pense et je pleure tout contre le mur, contre la respiration silencieuse de la ville enneigée. Ce n'est pas la première nuit de ce triste mois brumeux que je m'efforce de refouler en vain mes larmes. Je pleure la mort de Manfred que je n'ai jamais connu et dont j'ai pu imaginer au détail près toutes les souffrances muettes.

Manfred est un élève de la classe de mon fils. Il est mort d'un cancer. Dan m'avait annoncé, quelques jours auparavant, que son camarade était malade, transporté à l'hôpital, puis tombé dans un coma profond. À cause d'un mal dont il ne savait comment parler, un cancer des testicules, et qui l'avait emporté à l'aube de sa jeunesse. Comment fait donc la mort pour prendre les enfants sans que la raison vire à la folie? J'ai prié longtemps pour Manfred, qui fut incinéré par ses parents, et j'ai dû emporter son souvenir parmi les dernières empreintes de Vienne. Puis, j'ai arrêté d'écrire par trop de stress. Un rien me déséquilibrait.

Aujourd'hui, je contemple par la porte-fenêtre de notre logis le si romantique ciel viennois noyé dans le brouillard de l'hiver prochain et je suis quelque peu apaisée. Car bientôt nous reprendrons le chemin éternel du départ, partance vers la terre inconnue, terre de nos frères, êtres de bonne volonté.

Nous savons combien est fragile la destinée humaine.

Nous savons très bien sur combien d'improbabilités reposent les aspirations de l'homme qui ne veut que la Vie. Rien d'autre. Parce qu'elle est la seule, l'unique certitude réelle et tangible qu'il connaît, celle à laquelle il s'accrochera de toutes ses dents de peur d'envisager un naufrage dans le néant qu'il ne maîtrise pas...

Nous savons pourtant que le temps *qu'on tue* pour pénétrer cet avenir magique, prometteur, tue parallèlement notre jeunesse toujours moins jeune, mais nous nous en foutons! Nous avons appris à bâtir notre vie sur des rêves mouvants pour prolonger à l'infini notre espérance de vie. Avoir vécu en différents pays, enjambé un second continent et partir à la découverte d'un troisième donne de l'élasticité à notre illusion de goûter à la satiété de vivre. Vivre non plus physiquement, mais profondément. Vivre dans le mouvement pour maîtriser le plus d'espace de vie.

Vivre pour comprendre l'essence de vivre et non pour posséder la Vie.

Vivre pour apprendre ce qu'est la Vie. Pour rassembler assez de courage et partir définitivement un jour et sans peur.

À Vienne, j'ai appris à apprécier la vie dans son éclat estival comme dans sa grisaille hivernale. J'ai appris à gagner et à perdre, ce qui était difficile autrefois. Ici, j'ai appris à attendre, à me passer d'un beau bouquet de fleurs, à pardonner. J'ai soudain découvert la féconde richesse de l'espoir où il y aura toujours de la place pour tous les êtres que Dieu à créés. Pour cela, je suis enfin apaisée.

Le mardi 12 décembre 1995

Aussi invraisemblable que cela puisse paraître, nous sommes à l'aéroport d'Amsterdam. Il est seize heures, heure d'Europe.

C'est lors du passage au contrôle de douane, lorsque les employés nous ont demandé de leur montrer nos visas d'immigrants et nos passeports que j'ai vraiment réalisé la fin de notre marathon. Nous avons accompli un marathon d'enfer où tout a été éprouvé en nous : notre patience, notre foi, notre courage, notre résistance physique, notre raison – surtout celle-là – et notre intégrité d'êtres humains.

Nous avons là, devant nous, cette démarcation frontalière qui vacille comme un mirage auquel on ne croit plus, que nous allons bientôt franchir, et nous avons le cœur gonflé d'une joie qui ressemble étrangement au désespoir!

Nous sommes dans la foule des gens qui avancent serrés, lentement, pour s'engouffrer dans l'énorme avion de la compagnie KLM, légaux en toute légalité, serrant nos précieux documents d'immigration et nos enfants contre nous...

La joie que nous éprouvons n'est pas tout à fait celle que l'on connaît dans les situations quotidiennes. C'est une sorte de sensation diffuse, pleine, totale, qui s'empare du corps, du cerveau, de l'âme avec l'impression certaine, absolue d'avoir atteint l'inaccessible.

Si une quelconque drogue peut stimuler à ce point les

méandres intimes du cerveau humain, ce serait exactement cette sensation de bonheur absolu.

Et je me souviens de ce matin-là, à Vienne.

À cinq heures quarante-cinq minutes, je sautais du lit.

J'ai fait ma prière et préparé le café. Puis, j'ai réveillé les enfants et j'ai plié les couvertures que j'ai mises dans les sacs de voyage. Course combinée à la peur.

Peur de quitter ses habitudes, son adresse, sa vie nomade.

Il fallait faire vite. Dans un instant le taxi allait être là. Ce seuil, on allait donc le quitter pour toujours. Les enfants étaient prêts, alertes, fébriles, presque silencieux.

Il faisait encore noir. L'aube hésitait au bord de l'horizon bleuté.

La neige poudrait la ville délicatement et tout scintillait dans le calme. Vienne était plus belle que jamais, à l'instar d'une jeune mariée sous ses voiles blancs. Je m'imprégnais des derniers flashes. Je me réconciliais avec elle. Je filmais en mémoire les places désertes, les arbres dénudés, les rues luisantes d'humidité, les enseignes des magasins, les rares passants, les tramways, les lumières douces des lampadaires, les lieux visités, aimés, adoptés.

Nadir me regardait et ressentait sans doute la même peine.

Pour oublier, il engagea la conversation avec le chauffeur et je me rappelai ses habitudes...

Je marmonnais des regrets et des adieux à Vienne, notre terre de transit.

À l'aéroport, Robert vint nous souhaiter bon voyage, tandis que les enfants s'affolaient à l'idée de quitter l'Autriche sans acheter quelques souvenirs.

Je n'oublierai jamais les secondes qui s'égrenèrent entre le seuil de notre petit appartement et le décollage de l'avion vers Amsterdam...

Vienne se détachait, lentement, physiquement, viscéralement de nous comme une mère qui a longtemps préparé son enfant à l'indépendance...

Vienne, que nous n'avons jamais pu aimer légalement, dont nous avons pourtant tout respiré, surtout cette poignante nostalgie qui voile sa beauté, s'éloignait de nous, devenait un plan voltigeant sous le ciel de décembre et, à travers le hublot, nous caressions ses derniers toits pointus jusqu'à ce que l'avion survole la masse lourde des nuages qui la couvraient...

Le mardi 12 décembre 1995. Aéroport de Mirabel

Nous voilà donc arrivés sur notre terre. Chez nous. Tout simplement.

Malgré nos documents, notre statut de résidents, nous sommes nerveux. Nous avons peur. C'est un réflexe instinctif, difficile à combattre. Nous sommes sur des frontières et toute démarcation évoque pour nous, réfugiés d'état, une possibilité d'interdit.

De l'autre côté, nous apercevons mon jeune frère qui nous fait des signes énergiques. Il avait attendu notre arrivée durant des heures entières. Le passage à la douane se fait d'une façon tout à fait inaccoutumée!

D'abord, il fallait présenter nos documents; ensuite aller dans un bureau pour y déclarer nos avoirs et recevoir des informations et des adresses : tout cela nous était inhabituel. C'était donc cela, un pays d'accueil!

Puis, nous devions enfin franchir la douane avec nos valises.

Je m'apprêtais à ouvrir les bagages, déballer nos biens. L'employée m'arrêta.

« Non, non ce n'est pas la peine. »

La dame, affable, engagea la conversation avec nous, comme si nous étions de vieux amis, de retour au pays.

« Bienvenue! Mais quel temps fait-il donc en Europe?
— Il neige déjà à Vienne...
— Ah, ici aussi, vous allez bientôt vous en rendre compte... »

Il n'y avait pas de barrière entre nous. Nous n'étions pas indésirables, pouilleux, suspects ni de trop. Nous n'étions pas sur un terrain inégal. Mais bienvenus.

Bienvenus... bienvenus, bienvenus... cela voulait donc dire qu'il n'y aurait plus de justifications physiques, morales, d'explications, de demandes, d'attentes, de traductions, de suppliques, d'amendes à payer, de départs à envisager, de lendemains incertains à appréhender, de projets avortés, de convocations dans la boîte aux lettres...

Bienvenus voulait donc dire tolérance et paix et peut-être autre chose encore...

Je devais larguer, à cette démarcation, juste avant de franchir la porte du terminal, la Peur personnifiée qui habite l'homme dans ses cellules et entraîne son cerveau à ne jamais dormir tout à fait... Je devais m'efforcer d'apprivoiser la liberté à petites gorgées, afin qu'elle ne tourne pas à la douleur... Mais j'ai eu du mal à croire que la peur prenait sa dimension minuscule et moins omnipotente. Mais comment donc un rescapé de la précarité peut-il s'habituer au confort du permanent? Nous étions des réfugiés, des sous-réfugiés, à peine tolérés, inscrits sur cette dernière liste où la tolérance perd peu à peu de sa signification et sur la première liste de ceux qui allaient être expulsés! Expulsés d'où et pour quelle destination?... Les questions du réfugié sans refuge, vous ne les trouverez dans aucun manuel existant.

Il n'y avait pas de journalistes qui nous attendaient pour nous questionner sur ce voyage fou entrecoupé de vies temporaires, mais je palpitais devant une ville qui semblait nous attendre depuis longtemps, et qui, bras ouverts, nous accueillait ce soir, nous regardant de tous ses yeux, Montréal, Montréal, Montréal...

Nous voilà maintenant réunis, mon frère et nous, après trois ans d'exil! Nous débordions de tant d'émotions, mais il fallait enfin partir...

Le choc hivernal nous cloua à la sortie de l'aéroport et je vis pour la première fois le paysage canadien et montréalais, paysage si blanc et froid dans la nuit.

Nous prîmes alors un taxi dans cette nuit polaire et grelottâmes les uns contre les autres, allongeant le cou pour distinguer dans la blancheur du paysage presque irréel un indice de notre nouvelle terre, de notre pays, de cette demeure que nous avions cherchée au-delà du désir.

Et, finalement, j'ai pensé au texte écrit dans cet élan de réel désespoir, là-bas en Algérie, debout, penchée sur ma petite machine à écrire, et les mots venaient, seuls, perlés des larmes qui tombaient sur les caractères :

Nous partirons...

Nous ne savons pas quand ni pour quelle autre terre, nous ne savons pas sous quel ciel nous abriterons, pour la énième fois, nos têtes de gitans indésirables, oh! mais nous partirons... Nous serons, comme notre destin, ballottés d'espoirs en hoquets, de courage en déception, relevés puis à genoux, amenés à rire d'être si démunis et à pleurer de rester rois, rois en notre cœur, en notre âme blessée puis mille fois pansée. Or, nous ne savons pas quand nous partirons pour ce pays où il y aura encore des terres fertiles à labourer, des fleurs à sentir, des êtres à admirer, des cœurs à aimer, du pain à manger qui soit doux et non amer...

Nous partirons, dussions-nous pour cela employer un temps d'éternité et, une fois arrivés au pays des nôtres, nous n'aurons plus à avoir peur d'être différents, car tous les êtres, races, religions et langues confondues seront nos frères; là-bas, nous poserons nos ballots, notre angoisse, notre peur et nous vivrons!

Puisse Dieu tout-puissant nous accorder la force d'atteindre ce pays qui est le seul nôtre, puisse-t-Il nous aider à rejoindre la terre de nos Frères, la terre des hommes de bonne volonté.

Algérie, le 26 avril 1992

DISTRIBUTEURS EXCLUSIFS

Distributeur pour le Canada et les États-Unis
LES MESSAGERIES ADP
MONTRÉAL (Canada)
Téléphone : (450) 640-1234 ou 1 800 771-3022
Télécopieur : (450) 640-1251 ou 1 800 603-0433
www.messageries-adp.com

Distributeur pour la France et autres pays européens
HISTOIRE ET DOCUMENTS
CHENNEVIÈRES (France)
Téléphone : 01 45 76 77 41
Télécopieur : 01 45 93 34 70
www.histoire-et-documents.fr

Distributeur pour la Suisse
TRANSAT S.A.
GENÈVE
Téléphone : 022/342 77 40
Télécopieur : 022/343 46 46

Dépôts légaux
1er trimestre 2005
Bibliothèque nationale du Canada
Bibliothèque nationale du Québec

Québec, Canada
2005